Christiane Reithofer

Wien ohne Geld erleben

Christiane Reithofer

Wien ohne Geld erleben

101 großartige Dinge, die Du in Wien kostenlos unternehmen kannst

CIRCUSMAXIMUS

Bibliografische Information der Deutschen Nationalbibliothek
Die Deutsche Nationalbibliothek verzeichnet diese Publikation in der Deutschen Nationalbibliografie. Detaillierte bibliografische Daten sind im Internet über http://dnb.d-nb.de abrufbar.

Für Fragen und Anregungen:
info@riva-verlag.de

1. Auflage 2019

Nymphenburger Straße 86
D-80636 München
Tel.: 089 651285-0
Fax: 089 652096

Umschlaggestaltung: Pamela Machleidt
Umschlagabbildung: pixabay
Redaktion, Vorwort, Bildredaktion: Daniel Wiechmann
Layout: Pamela Machleidt
Satz: inpunkt[w]o, Haiger (www.inpunktwo.de)
Druck: Florjancic Tisk d.o.o., Slowenien
Printed in the EU

ISBN Print 978-3-7423-0724-8
ISBN E-Book (PDF) 978-3-7453-0398-8
ISBN E-Book (EPUB, Mobi) 978-3-7453-0399-5

Inhalt

Freizeit

Kultur

Besondere Orte

Sport

Abenteuer

FAMILIE

LAND & LEUTE

Wien

im Steckbrief

Einwohnerzahl: 1,889 Millionen **Einwohner je km²:** 4553

Auch bekannt als:
Donaumetropole, Kaiserstadt, Walzerstadt

Typisch Wien? Wichtige Assoziationen und Vorurteile:
Prater, Donau, Heurige, Wienerwald, Wiener Schmäh, Wiener Grant, Austria Wien, SK Rapid, Wolfgang Amadeus Mozart, Johann Strauss, Walzer, Opernball, Beisl, Fiaker, Habsburger, Wiener Schnitzel, Melange, Sachertorte, Hundertwasserhaus, Jugendstil, Naschmarkt ...

Wien als Playlist:

1. »Es lebe der Zentralfriedhof« – Wolfgang Ambros
   (Das Lied zur morbid-fröhlichen Grundeinstellung der Wiener)
2. »Der Radetzky-Marsch« – Johann Strauss
   (Weil früher einfach alles besser war)
3. »Wien« – DROOGIEBOYZ (Willkommen im 21. Jahrhundert)

Wien ohne Geld erleben

Spätestens seit Wien in Städterankings regelmäßig auf vorderen Plätzen landet oder das Ranking sogar ganz anführt, ist die österreichische Hauptstadt zum internationalen Hotspot geworden. Doch was macht die Stadt an der Donau eigentlich so lebens- und liebenswert? Vielleicht liegt es daran, dass die Millionenmetropole trotz aller modernen Entwicklungen ihren ganz eigenen Charme bewahrt hat. Wien ist eine Stadt der Gegensätze, die immer wieder für Spannung sorgen. Die beeindruckenden historischen Prachtbauten werden von aufregender zeitgenössischer Architektur wie dem DC Tower flankiert. Auf den Märkten treffen sich Ur-Wiener und Menschen aus aller Herren Länder. Und längst hat sich zur traditionellen Kaffeehaus- und Heurigenkultur eine junge, zeitgemäße Gastronomie gesellt. Wien ist einfach immer eine Reise wert.

Und damit die nicht zu sehr ins Geld geht, lädt dieser Guide dazu ein, die Stadt in 101 kostenlosen Erlebnissen zu entdecken. Erlebe

die Oper vor der Oper, trainiere im FreeGym, entspanne auf der Donauinsel, besuche gratis Konzerte oder Theateraufführungen, verirr dich auf dem Zentralfriedhof, bade nackt in der Donau, werde ein U-Bahn-Star und sei beim Festival der Straßenkünstler dabei. Überall in Wien gibt es kostenlose Freizeit- und Kulturangebote sowie besondere Orte, die es zu entdecken lohnt. Hinzu kommen Angebote für Familien und auch das eine oder andere Abenteuer. Lass dich von 101 Erlebnissen inspirieren und lerne Wien in all seinen Facetten kennen.

Über die Autorin: Christiane Reithofer lebt seit über 25 Jahren als Kärntnerin in Wien. Sie arbeitet als Beraterin für Markensprache und Unternehmenskommunikation und schreibt am liebsten Texte aller Art. Sie liebt es, andere Städte zu bereisen und kommt doch immer wieder gerne nach Wien zurück. Das urbane Angebot einer Millionenstadt kombiniert mit der Wiener Gemütlichkeit und den vielen Grünräumen machen die Stadt für sie besonders lebens- und liebenswert.

BESONDERE ORTE

1. Wandle auf des Kaisers Spuren durch den Schlosspark Schönbrunn.

Wer möchte nicht manchmal lustwandeln wie ein Kaiser? Über Kieswege schreiten, sich an bunten Blumenbeeten erfreuen, ein Brünnlein entdecken und dem Vogelgezwitscher lauschen... im Schlosspark Schönbrunn ist das eine leichte Übung. Das imperiale Flair ist hier so deutlich zu spüren, dass man wirklich meint, dem Kaiser gleich über den Weg laufen zu können. Wie für Parkanlagen des 18. Jahrhunderts üblich, gibt es viel zu entdecken: Statuen, die sich aus dem Gebüsch emporrecken, »echt nachgebaute« römische Ruinen, einen Obelisken und natürlich den namensgebenden »schönen Brunnen«, der leider oft übersehen wird, weil er ein bisschen versteckt ist. Wirklich lohnend im Schlosspark

Römische Ruinen im Schlosspark Schönbrunn

ist der Aufstieg zur Gloriette, die wie eine Krone auf dem Schönbrunner Berg sitzt. Von dort bietet sich ein hübscher Blick auf den Park, das Schloss und die Stadt im Hintergrund.

Tipp: Alljährlich Ende Juni findet im Schlosspark das Sommernachtskonzert statt. Unter freiem Himmel (und bei freiem Eintritt) bieten die Wiener Philharmoniker Musikgenuss vor imperialer Kulisse.

Standort: Schönbrunn, 1130 Wien • **Öffnungszeiten:** täglich 6:30 Uhr bis 17:30/21:00 Uhr (jahreszeitenbedingt) • **Wie kommt man hin?** U4 Schönbrunn • **Weitere Informationen:** www.schoenbrunn.at www.sommernachtskonzert.at

2. Fahr einmal rund um den Ring mit der Bim.

LAND & LEUTE

Wichtig zu wissen für Nicht-Wiener: »Bim« heißen hier in Wien die Straßenbahnen und sie heißen so, weil sie bei Gefahr laut »bimmeln«. Durch die geschickte Kombination der Linien 1 und 2 gelingt es dir, mit einem normalen Öffi-Ticket eine fußschonende Sightseeing-Runde der Extraklasse zu drehen, nämlich einmal rund um die Wiener Ringstraße. Die Wiener Ringstraße wurde anstelle der alten Stadtmauer Mitte des 19. Jahrhunderts als Prunkstraße erbaut, hat eine stattliche Länge von 5,2 Kilometern und zählt zum UNESCO-Weltkulturerbe. Links und rechts aufgefädelt stehen viele der bedeutendsten Bauwerke Wiens wie die Staatsoper, das Kunsthistorische und Naturhistorische Museum, das

Stadtrundfahrt mit der Bim

Heldentor zur Hofburg, das Parlament, das Rathaus, das Burgtheater, die Universität, die Börse sowie unzählige Palais, die Sternwarte Urania und viele mehr.

Wie kommt man hin? Startstation = Endstation Schwedenplatz (U1, U4) mit der Straßenbahnlinie 2 in Richtung Dornbach; bei der Station Oper/Karlsplatz umsteigen in die Linie 1 in Richtung Prater Hauptallee

BESONDERE ORTE

3. Bestaune die moderne Architektur und das studentische Gewusel am WU-Campus.

Für Liebhaber der modernen Architektur ist der Besuch des 2013 neu eröffneten Campus der Wiener Wirtschaftsuniversität ein Muss, doch auch für »Normal-

Architektonisches Highlight: der WU-Campus

sterbliche« zahlt sich ein Besuch aus. Sieben Gebäudekomplexe umschließen großzügig angelegte Freiflächen und so wird die WU zu einer richtigen kleinen Stadt in der Stadt. Tauche ein in das studentische Gewusel, setz dich auf eine Bank und lass dich inspirieren vom futuristischen Design des Library und Learning Centers von Zaha Hadid, dem »rostigen« Teaching Center oder vom abwechslungsreichen Formen- und Fassadenspiel des Department 4. Bei laufendem Studienbetrieb sind die Gebäude übrigens zum Teil kostenlos zugänglich.

Standort: Welthandelsplatz 1, 1020 Wien • **Öffnungszeiten:** Campus immer frei zugänglich, Gebäudeöffnungszeiten abhängig vom Vorlesungsbetrieb • **Wie kommt man hin?** U2 zwischen den Stationen Messe-Prater und Krieau • **Weitere Informationen:** www.wu.ac.at/universitaet/campus

KULTUR

4. Geh in die Oper vor der Oper.

Die Wiener Staatsoper zählt zu den bedeutendsten Opernhäusern der Welt und es ist nicht übertrieben zu behaupten, dass sich hier Weltstars die Türklinke in die Hand geben. Gute Karten zu bekommen kann allerdings schwierig sein und richtig ins Geld gehen. Doch im Rahmen der Aktion »Oper live am Platz« macht das »Haus am Ring« große Produktionen frei zugänglich. Im April, Mai, Juni, September und rund um Silvester werden etwa 80 Vorstellungen aus der Welt der Oper und des Balletts auf einer 50 Quadratmeter großen Videowall live auf den Herbert-von-Karajan-Platz vor der Oper übertragen.

Standort: Wiener Staatsoper, Opernring 2, 1010 Wien • **Wie kommt man hin?** U1, U2, U4 Karlsplatz, diverse Straßenbahnen • **Weitere Informationen:** www.wiener-staatsoper.at

BESONDERE ORTE

5. Entspann dich im Hof des alten AKH.

Das Areal des ehemaligen Allgemeinen Krankenhauses, von den Wienern nur »altes AKH« genannt, ist eine grüne Oase mitten in der Stadt. Im Sommer spenden die mächtigen Bäume wohltuenden Schatten, grüne Wiesen laden zum Picknicken ein und ein Kinderspielplatz sorgt für die Unterhaltung der ganz Kleinen. In der Vorweihnachtszeit wird ein Weihnachtsdorf auf-

Oper live am Platz: 80x kostenloser Kulturgenuss

Entspannen unter dem Judasbaum im Alten AKH

gebaut. Die Gebäude rund um die Innenhöfe gehören heute der Universität Wien und beheimaten Hörsäle, Serviceeinrichtungen für Studierende sowie Geschäfte, Büros und Gastronomiebetriebe. Ein buntes Treiben ist hier also garantiert.

Tipp: Vor allem wenn der zehnstämmige Judasbaum im April oder Mai in voller Pracht rosa erblüht, ist das Areal eine Augenweide.

Standort: Spitalgasse 2, 1090 Wien • **Wie kommt man hin?** Straßenbahn: 33, 5, 33, 43, 44 Lange Gasse oder Bus 13 A Skodagasse • **Weitere Informationen:** www.campus.univie.ac.at

FAMILIE

6. Mach einen Familienausflug in den Kurpark Oberlaa.

Mit seinen Spielplätzen, Teichen und seinem Tiergehege ist der Kurpark Oberlaa ein beliebtes Ausflugsziel bei Groß und Klein. Der Park wurde 1974 für die Wiener Internationale Gartenschau angelegt und verzaubert nach wie vor mit seinen kleinen Themengärten: Lustwandle durch den Barocken Brunnengarten oder das Blumenlabyrinth, finde deine innere Mitte im Japanischen Garten, taumle durch den Liebesgarten oder mach dich schlau im Allergiegarten. Für kleine Parkliebhaber gibt es auch allerhand zu sehen und zu erleben. In den Teichen schwimmen Entenfamilien und Schwäne und im großen Tiergehege lassen sich Alpakas, Zwergziegen

und Brillenschafe am Zaun streicheln. Außerdem gibt es ein Skateland, einen Kletterpark mit Boulderwand, Spielplätze und eine Riesenschaukel. Wenn du müde bist, such dir einfach einen der weißen Liegestühle und ruh dich aus, denn hier lässt es sich vorzüglich auch einfach nur mit der Seele baumeln.

Standort: Kurpark Oberlaa, zwischen Kurbadstraße, Laaer-Berg-Straße und Filmteichstraße, 1100 Wien • **Wie kommt man hin?** 68A Kurpark Nordeingang, U1 Oberlaa • **Öffnungszeiten:** täglich 6 bis 18/22 Uhr (jahreszeitenabhängig) • **Weitere Informationen:** www.wien.gv.at/umwelt/parks/anlagen/kurparkoberlaa.html

Gegensätze ziehen sich an: Haas-Haus und Stephansdom

BESONDERE ORTE

7. Betrachte die Spiegelungen des Stephansdoms im Haas-Haus.

Steht man am Stephansplatz vor dem Dom und blickt man an der Fassade des gewaltigen gotischen Bauwerks empor, so findet man eine Unzahl an Details, die von den Steinmetzmeistern ihrer Zeit liebevoll und kunstvoll geschaffen wurden. Doch es lohnt sich durchaus, dem »Steffl« einmal den Rücken zuzuwenden. Seit 1990 spiegelt sich der Dom nämlich in der Glasfassade das Haas-Hauses und je nachdem, wie man sich dreht und wendet, eröffnen sich immer neue Perspektiven und

Blickwinkel im Zusammenspiel mit dem Himmel und den Wolken. Der Bau des modernen Haas-Hauses genau gegenüber des altehrwürdigen Doms war natürlich – wie könnte es anders sein – ein Skandal!

Tipp: Wenn du schon dort bist, solltest du dir den Stephansdom natürlich auch von innen ansehen!

Standort: Haas-Haus, Goldschmiedgasse 3, 1010 Wien • **Öffnungszeiten:** täglich 24 Stunden • **Wie kommt man hin?** U1, U3 Stephansplatz

8. Schau dir den aktuellen Tatort im Kino an.

KULTUR

War der Gärtner diesmal vielleicht doch der Mörder? Jeden Sonntag um 20:15 Uhr ist »Tatort-Zeit« in hunderttausenden österreichischen und deutschen Wohnzimmern. In Wien kannst du den aktuellen Tatort auch kostenlos im Kino anschauen, und zwar im Top-Kino und im Schikaneder, zwei der Wiener unabhängigen Programmkinos mit ganz besonderem Flair. Das Schikaneder-Kino ist übrigens das älteste durchgehend bespielte Kino der Welt. Abgesehen von den sonntäglichen Umsonst-Tatorten finden passionierte Cineasten in beiden Kinos ein umfangreiches Programm an Filmhighlights jenseits des Mainstreams.

Standort Schikaneder Kino: Margaretenstraße 24, 1040 Wien • **Wie kommt man hin?** U1, U2, U4 Karlsplatz, 59A Schleifmühlgasse • **Weitere Informationen:** www.schikaneder.at

Standort Top Kino: Rahlgasse 1, 1060 Wien • **Wie kommt man hin?** U2 Museumsquartier, 57A Rahlgasse • **Weitere Informationen:** www.topkino.at

FREIZEIT

9. Entspann dich auf der Donauinsel.

Eigentlich könnte man fast ein eigenes Buch füllen mit 100 Dingen, die man auf der Donauinsel erleben kann und die nichts kosten. Mit ihren 21 Kilometern Länge und einer Breite bis zu 250 Metern ist sie eine gewaltige Freizeitoase – mitten im Fluss. Bewegungswillige können dort Rad fahren, skaten, joggen, einfach nur spazieren oder einen der zahlreichen Ballspielplätze nutzen. Jene, die lieber essen als sporteln, freuen sich über die öffentlichen Grillzonen und Picknickwiesen. Bei sommerlicher Hitze empfiehlt sich der Sprung ins kühle Nass an einem der frei zugänglichen Badeplätze. Ein eigener Familienstrand

Naturidylle mitten in Wien: die Donauinsel

mit recht flachem Wasser entlastet elterliche Nerven und der riesige Wasserspielplatz lässt dafür Kinderherzen höherschlagen. Naturliebhaber kommen natürlich auch auf ihre Kosten: An den ruhigeren Ufern und in den Biotopen findest du viele seltene Tier- und Pflanzenarten. Und die friedliche Abendstimmung um die Zeit des Sonnenuntergangs, die muss man einmal erlebt haben.

Tipp: Kein echter Geheimtipp, aber unbedingt eine Erwähnung wert ist das Donauinselfest. Jährlich lockt das dreitägige Musikfestival rund 3 Mio. Besucher auf die Insel und ist somit das größte Festival Europas.

Standort: Donauinsel • **Wie kommt man hin?** U1 Donauinsel, U2 Donaumarina, U6 Neue Donau • **Weitere Informationen:** www.donauinsel.wien.at

10. Sitz auf einem Enzi.

FREIZEIT

Die bunten Outdoor-Loungemöbel mit ihrem markanten geometrischen Design sind mittlerweile ein fixer Bestandteil des großen Innenhofes im MuseumsQuartier (MQ) und erlangten innerhalb von kürzester Zeit Kultstatus. In den Sommermonaten ist der große Platz zwischen den Museen ein beliebter Treffpunkt für junge Leute und es ist mitunter gar nicht so einfach, einen Enzi zu ergattern. Ist das einmal geschafft, lässt es sich auf den Möbeln herrlich sitzen, liegen oder lümmeln. Genieße die Mischung aus den barocken Gebäuden der ehemaligen kaiserlichen Hofstallungen und der modernen Architektur. Die Kombination ist hier besonders spannend und doch harmonisch gelungen und schafft eine ganz besondere Atmosphäre. Ab 2020 wird das MQ um eine

Lesen, plaudern, chillen: die Enzis sind für alle da

Gratis Last-Minute-Eislaufen beim Wiener Eistraum

weitere Attraktion reicher: Eine öffentlich zugängliche Dachterrasse wird dann zum Verweilen einladen und einen herrlichen Blick auf die Wiener Altstadt freigeben.

Tipp: Im Sommer finden im Innenhof oft Konzerte und Lesungen statt.

Standort: MuseumsQuartier, Museumsplatz 1, 1070 Wien • **Wie kommt man hin?** U2, U3 Volkstheater, U2 MuseumsQuartier • **Weitere Informationen:** www.mqw.at

SPORT

11. Geh Last-minute-Eislaufen am Wiener Eistraum.

Alle Jahre wieder – gleich nach der Weihnachtszeit – verwandelt sich der Rathausplatz zu einer riesigen Eislandschaft. Verschlungene Eispfade führen dann durch den Park und über eine lange Rampe gelangst du zum Sky Rink, einer Eisterrasse »im 1. Stock« sozusagen. Mittlerweile hat der Eistraum schon eine Größe von 9000 Quadratmetern erreicht und jedes Jahr kommen ein paar mehr dazu. Das hat natürlich seinen Preis... allerdings nur bis 21:30 Uhr, denn in der letzten halben Stunde fahren alle gratis!

Tipp: Für Anfänger und Kinder gibt es in der nördlichen Parkhälfte zwischen 10 und 16 Uhr bzw. am Wochenende ganztags eine 500 Quadratmeter große kostenlose Eisfläche zum Üben.

Standort: Rathausplatz, zwischen Rathaus und Burgtheater • **Wie kommt man hin?** U2 Rathaus, 1, D, 71 Rathausplatz/Burgtheater • **Öffnungszeiten:** täglich 10 bis 22 Uhr; kostenlos ab 21:30 Uhr und am Eröffnungsabend • **Weitere Informationen:** www.wienereistraum.com

KULTUR

12. Geh in alle 23 Bezirksmuseen.

Jedem Bezirk sein Museum! Das macht ganze 23 in Wien und bei allen gilt: Eintritt frei! Die Bezirksmuseen sind meist klein, aber fein und liebevoll geführt. Erzählt werden Geschichte und Geschichten aus den einzelnen Bezirken. Es gibt Stadtmodelle und alte Ansichten auf Bildern und Fotografien zu entdecken, große Persönlichkeiten aus dem Bezirk werden vorgestellt, alte Urkunden und Dokumente aber auch Gegenstände des täglichen Lebens aus verschiedenen Zeiten werden präsentiert. Viele der Museen blicken aber nicht nur in die Vergangenheit, sondern sind auch im Hier und Jetzt stark engagiert: Oft bieten sie lokalen Künstlern eine Plattform für Ausstellungen, es finden Vorträge, Buchpräsentationen und auch Diskussionsrunden statt. Die Museumsmitarbeiter sind alle ehrenamtlich tätig, was leider überschaubare Öffnungszeiten zur Folge hat, d.h. informiere dich unbedingt, bevor du losstartest!

Tipp: Am alljährlichen Tag der Bezirksmuseen werden alle Museen gleichzeitig bespielt. Das jeweilige Jahresmotto bestimmt dabei viele Sonderausstellungen, die sich in den letzten Jahren Themen widmeten wie z.B.

Musik, Sport, Feuerwehr, dem Wiener Gemeindebau oder sakralen Bauten in Wien.

Standorte, Öffnungszeiten und weitere Informationen: www.bezirksmuseum.at

13. Trainiere im FreeGym.

SPORT

»After-work-Workout statt After-work-Party«, lautet die Devise in den Wiener FreeGyms, und das ganz ohne Einschreibgebühr oder Mitgliedsbeitrag. Trainieren kannst du natürlich auch vor der Arbeit oder am Wochenende oder im Urlaub. Derzeit gibt es in Wien schon über 20 Standorte in verschiedenen Parks oder in größeren Wohnanlagen. Eine komplette FreeGym-Anlage besteht aus 10 Geräten mit klingenden Namen wie Beinpresse, Rumpfbank oder Bonni Reiter. Die Geräte sind robust, leicht zu bedienen und müssen nicht verstellt werden. Eine ausführliche Anleitung mit Videos findest du auf

Trainieren unter freiem Himmel: im FreeGym

der FreeGym-Website, ebenso eine Liste mit allen Standorten. Die Geräte sind so konzipiert, dass du »nur« gegen dein Körpergewicht arbeitest. Sie sind daher geeignet für Alt und Jung, für Dick und Dünn, für Fit und Noch-nicht-so-Fit – da hat doch der innere Schweinehund wirklich fast keine Chance mehr…

Standorte und weitere Informationen: www.freegym.at

FREIZEIT

14. Geh gratis ins Konzert oder ins Theater.

Auch große Stars fangen einmal klein an. Viele große Namen haben in Wien an der Universität für Musik und darstellende Kunst studiert und hier ihre ersten Auftritte

Sogar im Wiener Musikverein finden Gratis-Konzerte statt!

absolviert. Die Musikstudentinnen und -studenten der Universität stellen ihr Können regelmäßig im Rahmen von Konzerten, Vorspielabenden oder öffentlichen Diplomprüfungen unter Beweis. Beinahe täglich findest du solche Gelegenheiten zum kostenlosen Musikgenuss auf hohem Niveau im Veranstaltungskalender der Universität. Für angehende Schauspieler und Regisseure ist das Max Reinhardt Seminar eine der besten Adressen im deutschsprachigen Raum. Auch hier gibt es regelmäßig Aufführungen im »Theater am Seminar«, die kostenfrei besucht werden können.

Weitere Informationen und Termine: www.mdw.ac.at

15. Besuch die Lipizzaner-Fohlen im Burggarten.

FAMILIE

Die Lipizzaner der Spanischen Hofreitschule sind auf der ganzen Welt bekannt und das »Ballett der Weißen Hengste« ist ein beliebter Programmpunkt für Wientouristen. Während die Hengste im Juli auf Sommerfrische ins Weinviertel gebracht werden (was sie dort wohl machen???), kommen die erst wenige Monate alten Fohlen mit ihren Mutterstuten vom Gestüt Piber nach Wien, um ihren späteren »Arbeitsplatz« kennenzulernen. Bei Schönwetter werden die Pferde täglich zwischen 17 und 18 Uhr in ihr »grünes Kinderzimmer« im nahe gelegenen Burggarten gebracht. Dort wird ein ca. 500 Quadratmeter großes Grundstück abgezäunt und die übermütigen Fohlen können beim Herumtollen an der frischen Luft kostenlos beobachtet werden. Wundere dich nicht, wenn du dort braune, graue und schwarze

Pferde siehst – du bist nicht im falschen Film gelandet, Lipizzaner werden erst nach einigen Jahren weiß.

Standort: Burggarten, Josefsplatz 1, 1010 Wien • **Wie kommt man hin?** Linie 1, 2, 71, D Burgring • **Weitere Informationen:** www.srs.at

FREIZEIT

16. Lern, wie man eine U-Bahn baut.

In Wien läuft derzeit eines der größten U-Bahn-Projekte der Stadtgeschichte. Einerseits entsteht dabei eine neue U-Bahn-Linie, die seit jeher »fehlende« U5, die als erste vollautomatische U-Bahn in Wien funktionieren wird, andererseits wird die bestehende Linie U2 teilweise verlegt und massiv verlängert. Das Infocenter U2xU5 der Wiener Linien bereitet die Informationen zu diesem Mega-Projekt anschaulich auf und informiert, wie moderner U-Bahn-Bau heute funktioniert. Die interaktive, multimediale Ausstellung beginnt bei Basics wie der Bodenbeschaffenheit, von der die passende Bauweise abhängt, und führt bis zu den letzten Details im neuen Stationsdesign, das das Thema »Beschleunigung« auch visuell vermitteln wird. Ein Highlight neben dem 1:1-Modell eines neuen Bahnsteiges ist der Nachbau der imposanten Tunnelbohrmaschine, die sich in 24 Stunden 12 Meter weit durch das Gestein frisst. Im Tunnelbohrsimulator kannst du versuchen, das Gerät zu lenken – mit Wummersound und vibrierendem Boden. Sehr kompetente und freundliche Mitarbeiter stehen für Fragen aller Art zur Verfügung!

Standort: Zukünftige U5-Station Volkstheater, Zwischengeschoß Ausgang Burggasse • **Wie kommt man hin?** U2, U3 Volkstheater • **Öffnungszeiten:** Mo & Mi: 15 bis 19 Uhr, Di & Fr: 9 bis 13 Uhr, Sa: 10 bis 14 Uhr; Do, So und feiertags geschlossen • **Weitere Informationen:** www.u2u5.wien.gv.at

17. Pack ein Handtuch ein und besuch den Wasserspielplatz am Wasserturm.

FAMILIE

Was gibt es Schöneres an einem heißen Sommertag als bis auf die Knochen nass zu werden... Der Wasserspielplatz am Wienerberg ist nicht zu verfehlen, du orientierst dich einfach am historischen Wasserturm, der weithin sichtbar ist. Mit einer Fläche von rund 15000 Quadratmetern bietet der Park vielerlei Möglichkeiten nass zu werden: Eine Quelle, die über ein Aquädukt in den »Spiel-Wasserturm« fließt, zwei Wasserfälle, ein Spielbach, eine überdimensionale Wasserdusche, die mit einem Wasserschleier für Abkühlung sorgt, ein kleiner See, der mit einem Floß überquert werden will, eine Rutsche und schließlich eine »Gatschzone« mit viel Sand um sich zu panieren wie ein echtes Wiener Schnitzel. Wer lieber trocken und sauber bleibt, kann den Volleyball-Platz nutzen oder eine Runde Tischtennis spielen. Auch für die nötige Infrastruktur ist gesorgt: Es gibt einen Trinkbrunnen, Toiletten und einen kleinen Kiosk.

Standort: Wasserspielplatz Wasserturm, Ecke Triester Straße/Raxstraße • **Wie kommt man hin?** Straßenbahnlinie 1 Windtenstraße, Buslinien 15A und 65A Triester Straße/Altdorferstraße und 261 Spinnerin am Kreuz • **Öffnungszeiten:** Anfang Mai bis Ende September täglich 9 bis Einbruch der Dunkelheit; freitags erst ab 11 Uhr • **Weitere Informationen:** www.wien.gv.at/umwelt/parks/anlagen/wasserspielplatz-wasserturm.html

FAMILIE

18. Triff die Wildschweine im Lainzer Tiergarten.

Ganz im Westen Wiens, wo die Stadt in den Wienerwald übergeht, liegt der Lainzer Tiergarten, das ehemalige kaiserliche Jagdrevier. Auf lange Sicht »gewonnen« hat dort wohl das Schalenwild, denn während die Kaiser mittlerweile alle in der Kaisergruft ruhen, tummeln sich im Lainzer Tiergarten noch immer ca. 100 Rothirsche, 200 bis 250 Damhirsche, unzählige Rehe, etwa 700 Mufflons und an die 1000 Wildschweine in freier Wildbahn. Bei Letzteren ist vor allem im Frühling Vorsicht geboten, wenn die Bachen mit ihren Frischlingen unterwegs sind. Nicht frei herumlaufen dürfen allerdings die Auerochsen, auch Ur genannt, die im Lainzer Tiergarten seit 1928 wieder gezüchtet werden. Durch das ca. 2500 Hektar große Areal führt ein gut beschildertes Wegenetz, es gibt einen Wald- und einen Naturlehrpfad mit Infotafeln, sechs Waldspielplätze, eine Aussichtswarte und viele Gelegenheiten für eine kleine Rast mit netter Aussicht. Umfassende Informationen bekommst du im Besucherzentrum.

Tipp: Mitten im Lainzer Tiergarten steht die Hermesvilla, ein Geschenk Kaiser Franz Josephs an seine Frau Sisi. Jeden 1. Sonntag im Monat ist der Eintritt in das kleine »Schloss der Träume« frei.

Standort: Lainzer Tiergarten, 1130 Wien • **Wie kommt man hin?** z.B. Nikolaitor: Linien U4 Hütteldorf (zehn Minuten Gehzeit bis zum Tor); Sankt Veiter Tor: Buslinie 54A Sankt Veiter Tor; weitere Möglichkeiten siehe Website • **Öffnungszeiten:** täglich 8 Uhr bis zwischen 17/21 Uhr (jahreszeitenbedingt) • **Weitere Informationen:** www.lainzer-tiergarten.at

Wildschweine beobachten im Lainzer Tiergarten

KULTUR

19. Dreh eine kleine Hundertwasser-Runde im 3. Bezirk.

Das Hundertwasserhaus in der Wiener Kegelgasse im 3. Bezirk war das erste Architekturprojekt von Friedensreich Hundertwasser Regentag Dunkelbunt und ist heute eines der meistfotografierten Gebäude in Wien. Das »Haus für Menschen und Bäume« ist ein Wohnhaus und daher nur von außen zu besichtigen – ein Besuch lohnt sich trotzdem. Direkt vis-à-vis liegt das Hundertwasser Village, eine alte Reifenwerkstatt, die vom Künstler umgestaltet wurde. Auf dem Dach des Gebäudes wächst mittlerweile ein richtiger kleiner Wald, im Inneren befinden sich eine Bar und unzählige winzige Geschäfte, in Anbetracht deren Souvenir-Sortiment es sich trefflich über die Grenze zwischen Kunst und Kitsch diskutie-

Lebendige Architektur: das Hundertwasserhaus

ren lässt. Noch mehr Hundertwasser-Feeling bekommst du im Kunst Haus Wien, das nur wenige Gehminuten entfernt liegt. Die Ausstellungen dort sind zwar kostenpflichtig, Foyer, Café und der Shop sind aber frei zugänglich. Ziemlich genau zwischen Hundertwasserhaus und Kunst Haus liegt noch ein weiteres Wiener Hundertwasser-Kleinod: der Pavillon am Ponton der DDSG-Schiffanlegestelle.

Standort: Hundertwasserhaus: Ecke Kegelgasse/Löwengasse, 1030 Wien; Kunst Haus Wien: Untere Weißgerberstraße 13, 1030 Wien; Pavillon am Ponton: Weißgerberlände 28, 1030 Wien • **Wie kommt man hin?** Linie 1 Hetzgasse oder Löwengasse • **Öffnungszeiten:** Hundertwasser Village: täglich 9 bis 18 Uhr • **Weitere Informationen:** www.hundertwasserhaus.info, www.hundertwasser-village.com, www.kunsthauswien.com

20. Besuch die Ziegen auf der Mülldeponie Rautenweg.

Zugegeben, eine Mülldeponie erscheint im ersten Moment als kein allzu lohnendes Ziel, die Deponie Rautenweg ist zudem die größte in ganz Österreich. Im Endausbau wird der Müllberg stattliche 75 Meter hoch sein und schon jetzt ist er die höchste Erhebung in der näheren Umgebung. Gelagert werden dort die aufbereiteten Rückstände aus den Wiener Müllverbrennungsanlagen – jedoch überwuchert von Gras und Natur. Die steppenartigen Bedingungen bieten vielen Tier- und Pflanzenarten optimale Lebensbedingungen, weshalb auch das Thema Artenschutz bei der Gestaltung des Müllbergs aufs Tapet kam. Anfang der 1990er Jahre wurden daher Pinzgauer Bergziegen als »natürliche Rasenmäher« angesiedelt. Seit damals wurden bereits 100 Jungziegen dieser vom Aussterben bedrohten Tierart auf der Deponie geboren! Außerdem fanden auch andere Tiere wie Hasen, Rehe, Enten, viele Schmetterlinge und seltene Vogelarten ein Zuhause. Im Sommer bietet die MA 48 kostenlose geführte Rundfahrten über das Gelände an.

Tipp zum Einstimmen: Anlässlich des 50. Geburtstages der Deponie kreierte der Wiener Liedermacher Ernst Molden sogar ein eigenes Lied für den »Beag aus Mist«.

Standort: Rautenweg 83, 1220 Wien • **Wie kommt man hin?** U1 Rennbahnweg, danach 25A bis Percostraße oder 27A bis Hermann-Gebauer-Straße • **Öffnungszeiten:** bei Schönwetter von Mai bis Oktober:

Ziegen auf der Deponie Rautenweg

jeden zweiten Freitag im Monat um 14 Uhr und jeden ersten Samstag im Monat um 10 Uhr; Anmeldung erforderlich! • **Weitere Informationen:** www.wien.gv.at/umwelt/ma48/beratung/deponiebesichtigung.html

FREIZEIT

21. Perfektioniere deinen Hüftschwung beim Saturdance.

Ob Hip-Hop, Salsa oder Bollywood – jeden Samstag wird zwischen 13 und 15 Uhr in der Brunnenpassage, einem Ort, an dem jeder Kunst und Kultur ausprobieren und erleben kann, so richtig aufgetanzt. In den jeweils zweistündigen Workshops steht immer eine andere Tanzrichtung im Mittelpunkt. Mitmachen kann wer will, es ist keine Tanzerfahrung nötig – es geht hier ausschließlich um den Spaß am Tanzen und die Freude an der Bewegung. Doch Tanzworkshops sind bei weitem nicht das einzige, das die Brunnenpassage zu bieten hat. Das Programm spiegelt die soziale und kulturelle Vielfalt des Brunnenmarktes wider: Es gibt Ausstellungen, Chorproben, Konzerte, Stimm-, Theater- und Musikworkshops, Tanzkurse für Kinder und Erwachsene, Erzählsessions und Vieles mehr. Ziel der Initiative ist es, Kunst und Kultur für alle zugänglich zu machen, deshalb sind sämtliche Veranstaltungen in der Brunnenpassage kostenlos.

Standort: ArtSocialSpace Brunnenpassage, Brunnengasse 71/ Yppenplatz, 1160 Wien • **Wie kommt man hin?** U6 Josefstädter Straße • **Weitere Informationen:** www.brunnenpassage.at

FREIZEIT

22. Absolviere einen Astronomiekurs.

In der Kuffner Sternwarte bekommst du tiefe Einblicke in die unendlichen Weiten des Universums. Bis zu vier Mal in der Woche besteht im Rahmen der »Offenen Sternwarte« die Möglichkeit, in die Welt der Sterne hineinzuschnuppern, aktuelle Himmelsphänomene zu beobachten und Fragen zu stellen. Wer es genauer wissen will, macht am besten einen Beobachterkurs. Dabei erlernst du die Grundlagen der modernen Astronomie, die Orientierung am Nachthimmel sowie die Funktionsweise und Bedienung verschiedener Beobachtungsgeräte. Alle Veranstaltungen sind kostenlos, Spenden werden erbeten.

Übrigens: Als eine der wenigen vollständig erhaltenen Sternwarten aus dem späten 19. Jahrhundert ist die Kuffner Sternwarte am Gallitzinberg eine echte Besonderheit. Es befinden sich noch alle vier astronomischen Beobachtungsinstrumente aus der Gründungszeit in restauriertem Zustand an ihren ursprünglichen Plätzen.

Standort: Johann Staud-Straße 10, 1160 Wien • **Wie kommt man hin?** 46B, 51A Ottakringer Bad • **Öffnungszeiten:** Offene Sternwarte (Himmelsbeobachtung): So & Mo ab 20 Uhr bei jedem Wetter, Mi & Do ab 20 Uhr bei niederschlagsfreiem Wetter; Gebäudeführung: So 19 Uhr • **Weitere Informationen:** www.kuffner-sternwarte.at

Blick ins Weltall: die Kuffner Sternwarte

Kultur

23. Geh ins Heeresgeschichtliche Museum.

»Kriege gehören ins Museum« lautet heute das Motto des Hauses, das mit seinen Exponaten durch rund 500 Jahre österreichische und europäische Geschichte führt. Zu sehen sind unter anderem Waffen, Rüstungen, Uniformen, Panzer, Flugzeuge, Fahnen, Gemälde, Orden und Ehrenzeichen, Fotografien und Schlachtschiffmodelle aus der Zeit als Österreich noch – man staune! – eine bedeutende Seemacht war. Interessant sind aber nicht nur die Exponate, sondern auch das Gebäude selbst lohnt den Besuch. Es ist das Herzstück des Wiener Arsenals, das Kaiser Franz Joseph in seinen ersten Regierungsjahren erbauen ließ. Der riesige militärische Gebäudekomplex im maurisch-byzantinischen und neugotischen Stil sprengte den Rahmen der Zweckmäßigkeit schon damals bei weitem und war vielmehr eine opulente kaiserliche Machtdemonstration. Der heutige Museumsbau wurde bereits damals als Waffenmuseum geplant und entsprechend prunkvoll ausgestattet. An jedem ersten Sonntag im Monat ist der Eintritt frei.

Imposant: das Heeresgeschichtliche Museum

Standort: Heeresgeschichtliches Museum, Arsenal, Objekt 1, 1030 Wien • **Wie kommt man hin?** U1 Südtiroler Platz/Hauptbahnhof, 69A Arsenal; • **Öffnungszeiten:** täglich 9 bis 17 Uhr; freier Eintritt am 1. Sonntag im Monat • **Weitere Informationen:** www.hgm.at

24. Erlebe den Trubel auf dem Wiener Rathausplatz.

LAND & LEUTE

Der Rathausplatz ist Wiens größte Bühne – mit dem Rathaus und dem Burgtheater im Hintergrund als opulente Kulissen. Dass am Rathausplatz einmal nichts los ist, kann eigentlich nur passieren, wenn gerade Umbauarbeiten zwischen den Veranstaltungen stattfinden. Im Sommer wird hier alljährlich das größte Kultur- und Kulinarik-Festival Europas geboten: Das Filmfestival am Rathausplatz zeigt internationale Produktionen aus der Welt der Oper, Operette, Tanz, Pop und Jazz auf einer 300 Quadratmeter großen Leinwand. Seit 2018 ist auch ein Kinderopern-Festival fixer Bestandteil des Programms. Gezeigt werden dabei jeden Freitag beliebte Kindermusikproduktionen und besonders »kindertaugliche« Opern. Über das ganze Jahr verteilt finden am großen Platz vor dem Rathaus zahlreiche Events statt, die du bei freiem Eintritt besuchen kannst. Weitere Highlights sind die Eröffnung der Wiener Festwochen, das Steiermarkdorf, waldviertelpur, der Christkindlmarkt oder der Wiener Eistraum.

Standort: Rathausplatz zwischen Rathaus und Burgtheater, 1010 Wien • **Wie kommt man hin?** U2 Rathaus, 1, D, 71 Rathausplatz/Burgtheater • **Öffnungs-**

Immer was los: auf dem Wiener Rathausplatz

zeiten: täglich 24 Stunden; Film Festival: Juli und August, Filmbeginn täglich bei Einbruch der Dunkelheit; Kinderopern Festival im Rathauspark: Jeden Freitag während des Film Festivals um 17 Uhr • **Weitere Informationen:** www.filmfestival-rathausplatz.at, www.wiener-rathausplatz.at

SPORT

25. Bezwinge den Kahlenberg und schau auf die Stadt hinunter.

Der sehr gut ausgeschilderte Stadtwanderweg Nr. 1 führt dich von der Endstation der Straßenbahnlinie D durch die malerischen Gassen von Nussdorf über die Weinberge und durch den Wald hinauf auf den Kahlen-

Lohnendes Ziel: der Kahlenberg

berg. Dort belohnt dich ein herrlicher Ausblick für die Bewältigung der immerhin 344 Höhenmeter. Bei gutem Wetter siehst du nicht nur die Stadt, die dir zu Füßen liegt, sondern bis zum Schneeberg, von dem aus das Wiener Hochquellwasser in die Stadt kommt. Wenn du Lust auf einen Abstecher hast, kannst du über den Wanderweg 1a den Leopoldsberg noch »anhängen« bevor es wieder zurück zum Ausgangspunkt geht.

Tipp: Der Stadtwanderweg ist im mobilen Stadtplan der Stadt Wien eingezeichnet. Damit siehst du immer, wie weit du schon bist.

Weglänge: ca. 11 Kilometer • **Gehzeit:** 3,5 bis 4 Stunden • **Wie kommt man hin?** Straßenbahnlinie D - Endstation Nußdorf • **Weitere Informationen und mobiler Stadtplan:** www.wien.gv.at/umwelt/wald/freizeit/wandern/wege/wanderweg1.html

Freizeit

26. Entspann dich in einem Parklet.

Parklets sind Mini-Oasen im Großstadtdschungel, die im Frühling aus dem Boden sprießen und im Winter einfach wieder abgebaut werden. Über maximal zwei Parkplätze erstrecken sich diese kreativen Wohlfühlräume mitten in der Stadt. Die Miniparks sind erweitertes Wohnzimmer, Balkonersatz, beliebter Treffpunkt oder manchmal aber auch eine Fahrradwerkstatt. Das erste Parklet entstand 2013 in San Francisco und schon bald erreichte der Trend die europäischen Großstädte. Mittlerweile gibt es in Wien jeden Sommer schon rund 30 Parklets, Tendenz steigend! Du willst dich nicht nur entspannen, sondern selbst aktiv werden und dein eigenes Parklet errichten? Die Initiative »Grätzloase« berät und unterstützt dich dabei.

Standorte und weitere Informationen: www.graetzloase.at

Sport

27. Umrunde Wien am »rundumadum-Weg«.

Einmal rund um Wien führt dich der »rundumadum-Weg«. Nachdem Wien ja doch eine beachtliche Größe hat, geht das natürlich nicht so auf die Schnelle: Die 120 Kilometer teilen sich auf insgesamt 24 Etappen auf, wobei jede Etappe mit den Öffis gut erreichbar ist. Von Nussdorf ausgehend führt der Weg gegen den Uhrzeigersinn zuerst entlang der Donaupromenade und dann

Platz für Menschen statt Autos: im Parklet

Herzensangelegenheit: einmal Wien zu Fuß umrunden

bald bergauf bergab durch den Wienerwald. Immer wieder bietet dir der »rundumadum-Weg« hier schöne Aussichten auf die Stadt. Im Süden geht es zunächst an der Liesing über Alterlaa in Richtung Wienerberg. Du durchquerst dann den Zentralfriedhof und bahnst dir den Weg in Richtung Donau. Über die Donauinsel kommst du in der Lobau in den Nationalpark Donauauen und wanderst dann den Ostrand der Stadt entlang bis nach Strebersdorf und nach einer weiteren Donauüberquerung kommst du zurück nach Nussdorf.

Tipp: Der Stadtwanderweg ist im mobilen Stadtplan der Stadt Wien eingezeichnet. Damit siehst du immer, wie weit du schon bist.

Weitere Informationen: www.wien.gv.at/umwelt/wald/freizeit/wandern/rundumadum/

FREIZEIT

28. Finde deinen Lieblingskaktus im Botanischen Garten.

Während im angrenzenden Belvederepark ständiges Touristengewusel herrscht, ist der Botanische Garten eher ein Ort der Ruhe. Über 250 Jahre lang werden hier nun schon besondere Pflanzen gehegt und gepflegt – mittlerweile sind es an die 12000 Pflanzenarten aus allen sechs Kontinenten. Lass dich einfach treiben und staune über den kleinsten Weinberg Wiens, einen begehbaren Bambushain, seltene Orchideen aus Madagaskar, lauschige Wasserbecken und Teiche, die umfangreiche Kakteensammlung, bunte Blumenbeete und die mächtigen alten Bäume.

Tipp: Zu Beginn der Gartensaison findet im Botanischen Garten jedes Jahr eine Raritätenmessen statt. Diese ist zwar nicht kostenlos zu besuchen, für Liebhaber von Pflanzensorten abseits des Gartencenter-Sortiments aber ein absolutes Muss.

Standort: Haupteingang Ecke Mechelgasse/Praetoriusgasse, 1030 Wien • **Wie kommt man hin?** 71, O, diverse S-Bahnen Station Rennweg • **Öffnungszeiten Haupteingang:** 10 bis 16/18 Uhr (jahreszeitenabhängig), 24.12. – 06.1. geschlossen • **Weitere Informationen:** www.botanik.univie.ac.at/hbv/index.php?nav=1

12000 Pflanzen im Botanischen Garten

KULTUR

29. Entdecke die Vienna Murals.

Die Wiener Street Art-Szene hat in den letzten Jahren kräftig aufgeholt und der Trend der »Murals«, überdimensionaler Kunstwerke auf Hauswänden, ist auch hier definitiv angekommen. Im Gegensatz zu Graffitis entstehen Murals meist auf legalen Flächen und in Absprache mit dem Eigentümer. Besonders viele findest du entlang des Donaukanals zwischen der Rossauer Brücke und der Urania, aber auch in den Gassen im 6. und 7. Bezirk ist die »Murals-Dichte« beachtlich. Am besten orientierst du dich auf der Onlinekarte von »Vienna Murals«. Auf Facebook und Instagram informiert »Vienna Murals« auch regelmäßig über neue Kunstwerke.

Kunst im öffentlichen Raum: Wiener Street Art

Standorte und weitere Informationen: www.vienna-murals.at, www.facebook.com/viennamurals und www.instagram.com/viennamurals

30. Erlebe die Kirschblüte im Setagayapark.

BESONDERE ORTE

»Furomon« steht am Steinmonument neben dem Haupteingang des Setagayaparks in Döbling. Und wenn du Japanisch kannst, weißt du natürlich, dass das Paradies bedeutet. Du musst aber nicht Japanisch können, um gleich nach wenigen Schritten in eine paradiesische andere Welt einzutauchen: Ein japanisches Teehaus liegt idyllisch an einem Teich, in dem sich Fische tummeln,

verschlungene Wege führen dich über Brücken oder entlang des Wasserlaufes vorbei an kleinen Wasserfällen und typisch japanischen Gartenelementen. Nach jeder Wegbiegung eröffnet sich eine neue Perspektive und immer wieder laden lauschige Plätzchen zum Verweilen ein. Zur Zeit der Kirschblüte erscheint der kleine Park wie durch eine rosarote Brille, allerdings zieht das Naturschauspiel auch viele Besucher an. Um die meditative Ruhe eines fernöstlichen Gartens wirklich zu genießen, kommst du am besten nach der Kirschblüte noch einmal vorbei...

Standort: Hohe Warte 8, 1190 Wien • **Wie kommt man hin?** 10A, 39A, 37 Barawitzkagasse • **Öffnungszeiten:** 1.April – 31.Oktober täglich 7 bis 19/21 Uhr (jahreszeitenabhängig) • **Weitere Informationen:** www.wien.gv.at/umwelt/parks/anlagen/setagayapark.html

Kirschblüten im Setagayapark

31. Besuch die Seestadt Aspern.

BESONDERE ORTE

Nur 7 Kilometer östlich der Wiener Innenstadt wird gerade eines der größten Stadtentwicklungsprojekte Europas verwirklicht. Auf einer Gesamtfläche von 2,4 Millionen Quadratmetern – das entspricht ungefähr der Größe des 1. Bezirks in Wien – entsteht eine kleine Stadt in der Stadt: die Seestadt Aspern. Wie bei einem Computerspiel starteten die Planer mehr oder weniger auf einer grünen Wiese, in diesem Fall auf dem ehemaligen Flugfeld Aspern, das bis zum Zweiten Weltkrieg das Zentrum der österreichischen Zivil- und Militärluftfahrt war. Bis 2028 werden hier Wohnungen für über 20000 Menschen gebaut und es sollen bis zu 20000 Arbeitsplätze entstehen. Mittlerweile sind die ers-

Stadt in der Stadt: Die Seestadt Aspern

ten »Seestädter« eingezogen und füllen die breiten Promenaden, Radwege und Spielplätze mit Leben. Bunte Blumentöpfe schmücken die vielen Balkone, die ersten Kletterpflanzen erklimmen die Hausfassaden, Sitzgelegenheiten laden zum Verweilen und Beobachten ein. Es gibt schon genug zu sehen, aber auch noch genug Platz für Phantasie, wie es einmal sein wird. Übrigens: Wenn du im Sommer kommst, pack die Badehose ein und geh im See der Seestadt schwimmen!

Tipp: Nach vorheriger Vereinbarung bietet das Infocenter kostenlose Führungen durch die Seestadt an (Montag bis Freitag 9 bis 14 Uhr).

Standort: Seestadt Aspern, 1220 Wien • **Wie kommt man hin?** U2 Seestadt • **Öffnungszeiten:** täglich 24 Stunden • **Weitere Informationen:** www.aspern-seestadt.at

FREIZEIT

32. Finde deinen Lieblings-Christkindlmarkt.

Christkindlmärkte gibt es viele in Wien und jeder hat seinen eigenen Charme. Um deinen Lieblingschristkindlmarkt zu finden, brauchst du also etwas Zeit. Der größte und bekannteste Weihnachtsmarkt ist der am Rathausplatz – den musst du gesehen haben, ob er unter deine Top 3 kommt, ist jedoch fraglich. Am Karlsplatz dominieren Stände mit Kunsthandwerk und der große Brunnen vor der Karlskirche wird alljährlich mit Stroh gefüllt, in dem Kinder herrlich herumtollen können. Vor dem Schloss Schönbrunn siegt erfreulicherweise auch die Kunst über den Kitsch und das Schloss im Hin-

tergrund sorgt für einen besonders stimmungsvollen Rahmen. Weniger weitläufig geht es naturgemäß in den engen Gassen am Spittelberg zu. Nur wenige Schritte weiter und durchs Museumsquartier hindurch (auch hier stehen Punschstände) kommst du zum Weihnachtsdorf zwischen dem Kunsthistorischen und dem Naturhistorischen Museum. Die große Statue vom Maria Theresia in der Mitte wird umringt von vielen – nein, nicht ihren Kindern – Weihnachtsständen! Auch sehr nett und vor allem gemütlich ist das Weihnachtsdorf im Alten AKH, zu einem schnellen Punsch nach der Arbeit trifft man sich am Altwiener Christkindlmarkt auf der Freyung, rund um den Stephansdom wird natürlich auch geweihnachtet – und damit sind bei weitem noch nicht alle Christkindlmärkte der Stadt erwähnt. Ein Highlight, das ganz besonders aus der Reihe tanzt, ist der mittelalterliche Adventmarkt vor dem Heeresgeschichtlichen Museum, der an nur einem Wochenende stattfindet. Da gibt es Händler und Handwerker, Gaukler und Fechter zu bestaunen und mittelalterliche Kulinarik rundet das Spektakel würdig ab.

Standorte und weitere Informationen: www.stadt-wien.at/wien/maerkte/weihnachtsmaerkte

KULTUR

33. Stöbere im Dorotheum nach Kunstschätzen.

Mit seiner 300-jährigen Geschichte ist das Dorotheum heute nicht nur das mit Abstand größte Auktionshaus im deutschen Sprachraum, sondern auch gleich das älteste der Welt. Im prunkvollen Palais Dorotheum mit seinen weitläufigen Schauräumen und Salons werden die ausgesuchten Versteigerungsobjekte ausgestellt. Zwischen A wie »Alte Meister« und Z wie »Zeitgenössische Kunst«

Kunstschätze im Dorotheum

findet sich in den altehrwürdigen Räumlichkeiten genügend Platz für Möbel, Glas, Porzellan, Teppiche, Uhren und Juwelen und Vieles mehr. Nimm dir einfach ein paar Stunden Zeit zum Staunen und Stöbern und mach Dorotheum statt Museum!

Standort: Palais Dorotheum, Dorotheergasse 17, 1010 Wien • **Wie kommt man hin?** U1, U3 Stephansplatz • **Öffnungszeiten:** Mo – Fr: 10 bis 18 Uhr, Sa: 9 bis 17 Uhr • **Weitere Informationen:** www.dorotheum.com

34. Lerne Parkour.

SPORT

Wer kennt sie nicht die Szenen aus den Actionfilmen, in denen der Held elegant über Zäune flankt, sich an Mauern hochzieht und leichtfüßig über Mülltonnen springt? Du willst das auch? Dann bist du beim Parkour richtig. In Wien gibt es viele Spots, die die Herzen eines sogenannten Traceurs höherschlagen lassen. Wo die sind, kannst du auf der Website von Parkour Vienna nachschauen. Die Internet-Plattform bietet Profis die Möglichkeit zum Erfahrungsaustausch und Anfängern wichtige Informationen zum Einstieg. Im Forum werden regelmäßig offene Parkour-Trainings angekündigt, die du kostenlos besuchen kannst.

Tipp: Anders als in den Filmen wird bei den Parkour-Trainings nicht gleich die ganze Stadt verwüstet. Und damit du nicht beim ersten Mal deinen Körper ganz verwüstest, solltest du die Sache besser langsam angehen...

Weitere Informationen: www.parkour-vienna.at

Abenteuer

35. Mach mit beim Geocaching.

Tausende Geocaches liegen in Wien verborgen und wollen gefunden werden. Ob direkt bei einer Touristenattraktion, an der täglich die Menschenmassen vorbeilaufen, oder einsam und versteckt im Wald, ob leicht zu finden oder nur durch das Lösen wirklich kniffliger Rätsel – die Schatzsuche per GPS begeistert mittlerweile Jung und Alt. Nachdem die Geocaching-Community in Wien bereits eine beachtliche Größe erreicht hat, finden auch regelmäßig Event Caches statt und sogenannte Trackables, die weltweit von Geocache zu Geocache wandern, machen oft in Wien Station beziehungsweise warten auf eine Gelegenheit zur Weiterreise. Aktuelle Infos zu den Events findest du am besten in den einschlägigen Foren im Internet.

Weitere Informationen: www.geocaching.com

Kultur

36. Hol dir ein Buch aus einem offenen Bücherschrank.

Verschiedene Initiativen in Wien betreuen überall in der Stadt verteilte offene Bücherschränke. Dabei handelt es sich entweder um zu Bücherkabinen umgebaute Telefonzellen, Büchertaschen oder offene Buchregale. Das Prinzip ist einfach: Bücher werden oft nur einmal gelesen und sind eigentlich viel zu schade zum Wegwerfen.

Spannende Lektüre aus dem Bücherschrank

Doch auch zu Hause ist der Platz für Bücher endlich. Was also ist zu tun? Ab mit den Büchern in den Bücherschrank. In den offenen Bücherschränken kannst du schmökern, ein Buch mitnehmen, nach dem Lesen zurückbringen oder auch andere Bücher hinzufügen – ein ständiges Geben und Nehmen ganz ohne Geld.

Standorte: www.vielove.at/liste-offene-buecherschraenke-in-wien • **Öffnungszeiten:** meist täglich 24 Stunden

SPORT

37. Fahr eine Stunde mit einem Citybike.

Dank der 120 Verleihstationen der Wiener Citybikes ist es nicht besonders schwierig, überall in der Stadt ein Rad zu finden, sich auf den Sattel zu schwingen und ein-

Wiener Citybikes: Die erste Stunde ist gratis

fach loszuradeln. Und das Beste daran: Die erste Stunde deiner Fahrt kostet nichts. Du hast also genug Zeit, einmal den Ring zu umradeln, den Donaukanal entlang zu fahren oder im Prater einmal die Hauptallee hinunter zum Lusthaus und wieder zurück. Für die Registrierung benötigst du eine Kredit- oder Bankomatkarte. Die einmalige Anmeldegebühr von 1 Euro wird dir für kostenpflichtige Fahrten gutgeschrieben.

Tipp: Die erste Stunde jeder Fahrt ist gratis, danach fallen stundenweise Kosten an. 15 Minuten »Pause« (mit Fahrradrückgabe und neuer Entnahme) setzen den Timer zurück und deine nächste Gratisstunde beginnt.

Standorte und weitere Informationen: www.citybike-wien.at

SPORT

38. Hol dir tolle Belohnungen für geradelte Höhenmeter.

Mit Leifahrrädern ist das ja oft so eine Sache. Meist stehen sie dort, wo alle hinwollen, im Stadtzentrum. Doch wie kommen sie wieder zurück? Vor allem auf die Hügel der Stadt? Das ist doch eine Quälerei mit dem Rad bergauf zu strampeln. In Wien ist man auf eine schlaue Idee gekommen und hat kurzerhand das Citybike Uphill Team gegründet, um die Wiener zu motivieren, ihre Leihfahrräder die Hügel auch wieder hinaufzufahren. Als Mitglied des Teams kannst du nämlich Höhenmeter sammeln, wenn deine Citybike-Rückgabestation höher liegt als die Station, an der du das Rad ausgeborgt hast. Für die gesammelten Meter gibt es dann Preise wie Fahrrad-Flickzeug, einen USB-Stick, das Buch »Wien mit dem Citybike entdecken«, eine Handyhalterung fürs Fahrrad oder Fahrtguthaben für Citybikes. Welche Strecke wie viele Höhenmeter bringt, kannst du auf der Online-Map nachsehen.

Standorte und weitere Informationen: www.citybike-wien.at

KULTUR

39. Sieh dir einen Film in Wiens einzigem Open Air Wanderkino an.

Von Juni bis September tourt das Volxkino durch Wien und zeigt preisgekrönte internationale Filme, Filmfestivalerfolge und zeitlose Filmklassiker an verschiedensten Orten – in Parks, auf Plätzen und Märkten oder auch zwischen Gemeindebauten. Das Volxkino ist zugleich auch Wiens erstes und somit ältestes Open Air Kino: Seit 1989 sind die Kinonächte unter dem Wiener Sternenhimmel bereits ein sommerlicher Fixpunkt. Der Eintritt zu allen Vorstellungen ist frei.

Standort: verschiedene. • **Termine:** Anfang Juni bis Mitte September (nur bei Schönwetter) • **Stationen, Programm und weitere Informationen:** www.volxkino.at

Badespaß in der Donau. Mal textil, mal FKK

40. Schwimm nackt in der Donau.

ABENTEUER

Kostenlos hüllenlos kannst du dich auf der Donauinsel auf acht Kilometern Uferlänge nahtlos bräunen und ganz à la nature in der Donau erfrischen. Die FKK-Bereiche ganz im Norden und ganz im Süden der Insel sind mit Bodenmarkierungen gekennzeichnet. Dort kannst du dich einfach auf einer Wiese entspannen oder dir nach dem Radfahren die Kleider von Leib reißen und ins Wasser hüpfen. Im Süden gibt es auch gegenüber am Festland in der Lobau einen FKK-Streifen mit Infrastrukturanlagen. Ein weiterer Tipp für nackten Badegenuss in Wien ist die Dechantlacke, ebenfalls in der Lobau. Da badest du zwar nicht direkt in der Donau, aber der kleine See wird immerhin von Donauwasser gespeist.

Tipp: Vor dem Heimweg das Anziehen nicht vergessen!

Standort: Donauinsel/Lobau • **Wie kommt man hin?** Dechantlacke: 93A Naufahrtbrücke oder 92B Raffineriestraße/Bieberhaufenweg; Südliche Donauinsel: 92B Lobgrundstraße; Nördliche Donauinsel: am besten mit dem Fahrrad • **Weitere Informationen:** www.donauinsel.wien.at

KULTUR

41. Erlebe die lange Nacht der Kirchen.

Jedes Jahr Ende Mai oder Anfang Juni öffnen die 170 Kirchen in und um Wien eines späten Nachmittags ihre Pforten für die lange Nacht der Kirchen. Glockengeläut kündigt den Beginn des Events an, das rund 1000 Programmpunkte umfasst. Diese reichen von Lesungen über Kabarett, Diskussionen und Tanz bis hin zu Konzerten aller Stilrichtungen. Oft hast du dabei die Gelegenheit, den Klängen der mächtigen Orgeln zu lauschen und viele Kirchen bieten Führungen an – durch die Kirchen natürlich, aber auch hoch hinauf auf Türme und tief hinunter in Katakomben und Grüfte.

Tipp: Alle Veranstaltungen der Langen Nacht der Kirchen sind kostenlos zu besuchen, für einige sind allerdings Zählkarten erforderlich. Außerdem kann es passieren, dass die wenigen Sitzplätze schnell weg sind.

Standorte und weitere Informationen: www.langenachtderkirchen.at

Kultur pur bei der langen Nacht der Kirchen

KULTUR

42. Mach einen Musikerspaziergang.

Zu fast jeder Gasse in der Wiener Innenstadt gibt es eine Geschichte, wer dort gelebt, geliebt, gelitten oder gewerkt hat. Gedenktafeln und Denkmäler erinnern allerorts an die großen Komponisten ihrer Zeit und an ihre Werke. Mach dich auf den Weg und erkunde diese Originalschauplätze! Die genauen Routen mit vielen Anekdoten und Erklärungen findest du auf der Website des Wiener Tourismusverbandes zum Download. Derzeit gibt es einen allgemeinen Spaziergang zur Einführung und jeweils einen speziellen für Gustav Mahler, Wolfgang Amadeus Mozart, Joseph Haydn, Johann Strauss und Ludwig van Beethoven.

Weitere Informationen und Download: www.wien.info/de/musik-buehne/musikstadt-wien/spaziergaenge

BESONDERE ORTE

43. Besuch den Financial Life Park

Ohne Geld auszugeben kannst du in Wien zwar wirklich viel erleben, trotzdem ist es nicht verkehrt, sich mit Geld auszukennen. Der Financial Life Park, kurz FLiP, setzt genau da an. In zirka zweistündigen Führungen erkundest du mit einem Tablet ausgestattet die Welt der Finanzen, entdeckst wirtschaftliche Zusammenhänge in unserer globalisierten Welt und testest an verschiedenen Themenstationen dein eigenes Finanzwissen. In erster Linie richtet sich das kostenlose Angebot an Schulklassen, aber jeden Freitag finden offene Führungen statt, zu denen du dich einfach anmelden kannst.

Tipp: Mit dem FLiP Web kannst du dich auch zuhause kostenlos schlau machen. Neben einem Lexikon, dass Begriffe von A wie Aktien bis Z wie Zinsen einfach und verständlich erklärt, findest du im Geld-Blog praktische Tipps für den Umgang mit Geld. Für Eltern gibt es einen Taschengeldratgeber und für Schulen Unterrichtsmaterial zum Download.

Standort: Erste Financial Life Park, Am Belvedere 1, 1100 Wien • **Wie kommt man hin?** 13A, D, O, 18 Quartier Belvedere • **Weitere Informationen:** www.financiallifepark.at

BESONDERE ORTE

44. Sei um 12 Uhr mittags bei der Ankeruhr.

Keine Sorge, du wirst die berühmte Uhr, die sich am Hohen Markt wie eine Brücke über eine kleine Gasse spannt, zur Mittagszeit auf keinen Fall übersehen können. Halb Wien, zumindest die Touristen auf Besuch, strömen zu dieser Zeit in Richtung Hoher Markt... Jeden Tag um 12 Uhr mittags ist dort nämlich »Showtime«: Alle zwölf Figuren der Jugendstil-Spieluhr haben dann ihren großen Auftritt und ziehen ihre Runde – begleitet von einer zur jeweiligen Epoche passenden Melodie. Die Reihenfolge der »auftretenden« Persönlichkeiten orientiert sich an der Geschichte der Stadt, beginnend mit Kaiser Marc Aurel über Karl den Großen und Walther von der Vogelweide bis hin zu Prinz

Die Ankeruhr am Hohen Markt

Eugen, Maria Theresia und Joseph Haydn. So zeigt die Uhr, wie schnell doch die Zeit vergeht.

Standort: Hoher Markt 10-11, 1010 Wien • **Wie kommt man hin?** U4 Schwedenplatz; U1, U3 Stephansplatz

BESONDERE ORTE

45. Entdecke den Regenbogen im Hochstrahlbrunnen.

Der Hochstrahlbrunnen am Schwarzenbergplatz wurde 1873 anlässlich der Fertigstellung der Wiener Hochquellenwasserleitung in Betrieb genommen. Bei Sonnen-

Siehst du den Regenbogen im Hochstrahlbrunnen?

schein entdeckst du im feinen Sprühnebel immer einen Regenbogen, und nachts wird der Brunnen bunt beleuchtet. Die 365 kleinen Springbrunnen am Beckenrand symbolisieren die Tage, 12 hohe Strahlen in der Mitte die Monate und die 24 niedrigen die Stunden. Das ganze Jahr über, rund um die Uhr versorgt die Hochquellenwasserleitung die Großstadt mit frischem Wasser aus den Bergen – eine echte und köstliche Besonderheit damals wie heute.

Tipp: Trink ganz bewusst ein Glas Wiener Wasser und genieße es! Es rinnt aus jedem Wasserhahn in Wien und auch aus den vielen öffentlichen Trinkbrunnen.

Standort: Schwarzenbergplatz, 1040 Wien • **Wie kommt man hin?** D Gußhausstraße, 71 Am Heumarkt

FREIZEIT

46. Erforsche die Wien Energie-Erlebniswelt.

Wissensvermittlung durch echtes »Begreifen« und Ausprobieren, das bietet die Wien Energie-Erlebniswelt. Erzeuge selbst Strom beim Radfahren und erfahre, wie viel Muskelkraft du brauchst, um eine Glühbirne zum Leuchten zu bringen oder schaffst du es sogar, ein Haushaltsgerät durch Muskelkraft mit Strom zu versorgen? Wirf Photonenbälle auf Photovoltaikzellen und lerne, wie aus Licht Energie gewonnen wird und mach ein Wärmebild-Selfie mit und ohne Jacke. Die Themenbereiche Energie, Strom, Wärme und Energieeffizienz werden in der Erlebniswelt an 19 interaktiven Stationen für Jung und Alt gleichermaßen spannend aufbereitet und erlebbar gemacht.

Standort: Wien Energie GmbH, Spittelauer Lände 45, 1090 Wien • **Wie kommt man hin?** U4, U6, D, 35A und 37A Station Spittelau • **Öffnungszeiten:** Mo – Mi: 8 bis 15 Uhr, Do: 8 bis 17 Uhr, Fr: 8 bis 15 Uhr • **Weitere Informationen:** www.energieportal.at

FAMILIE

47. Dreh einen Film.

Das Medienzentrum von wienXtra steht Jugendlichen bis 22 Jahren für ihre Medienprojekte aller Art kostenlos mit Rat und Tat zur Seite. Egal ob Kurzfilm, YouTube-Clip, Doku, Fotoshooting oder Hörspiel – du bekommst professionelle Unterstützung und gute Tipps, kannst dir das nötige Equipment ausborgen und das Studio mit Bluebox und Greenscreen nutzen. Auch

Schnittplätze sind im Medienzentrum natürlich vorhanden.

Tipp: Bei den regelmäßig stattfindenden kostenlosen Workshops kannst du die Grundlagen von Fotografie, Video- und Movieproduktion lernen und dich mit den Verleihgeräten vertraut machen.

Standort: wienXtra-medienzentrum, Zieglergasse 49/II, 1070 Wien • **Wie kommt man hin?** 48A Burggasse/Zieglergasse • **Weitere Informationen:** www.medienzentrum.at

48. Geh in die Spielebox.

FAMILIE

Mit über 7000 Brett- und Gesellschaftsspielen ist die Spielebox Österreichs größter Brettspielverleih. Im Verleih kosten die Spiele je nach Tarif pro Tag 10 bis 20 Cent, du kannst aber alle Spiele vor Ort kostenlos ausprobieren und spielen. Die Spielebox veranstaltet

Mensch, ärgere dich nicht: in der Spielebox

auch Spieleabende für verschiedene Altersgruppen mit Neuheiten und bekannten Klassikern, Games-Workshops mit Konsolenspielen oder Familienspieltage für die ganze Familie.

Standort: wienXtra-spielebox, Albertgasse 37, 1080 Wien • **Wie kommt man hin?** U6 Josefstädter Straße; 2, 5, 33, 13A Albertgasse • **Öffnungszeiten:** Mo, Mi, Fr: 13 bis 18:30 Uhr; Di, Do: 10 bis 12 Uhr; Sa (Okt.-März) 10 bis 14 Uhr • **Weitere Informationen:** www.spielebox.at

FAMILIE

49. Mach mit beim Ferienspiel.

Damit in den Schulferien keine Langeweile aufkommt, gibt es für Kinder von 6 bis 13 Jahren in den Weihnachts-, Semester- und vor allem in den Sommerferien das wienXtra Ferienspiel. Auf dem Programm stehen Naturexpeditionen, Experimente, Tanz, Theater, Kino, Sport, Kreatives, Spaziergänge, Museumsbesuche, Workshops, Feste und Vieles mehr. Für die Teilnahme benötigst du einen Ferienpass, den dein Kind entweder in seiner Schule oder bei der KinderInfo im MuseumsQuartier kostenlos erhält. Die meisten der Veranstaltungen sind kostenlos zu besuchen, manchmal ist allerdings eine Anmeldung erforderlich – am besten du informierst dich zirka zwei Wochen vor Ferienbeginn.

Tipp: wienXtra bietet auch außerhalb der Ferien spannende Aktivitäten für Kinder an.

Standort: wienXtra-kinderinfo, MuseumsQuartier Hof 2, Museumsplatz 1,1070 Wien • **Wie kommt man hin?** U2 Museumsquartier • **Öffnungszeiten:** Di bis Fr: 14 bis 18 Uhr; Samstag, Sonntag + Feiertage: 10 bis 17 Uhr; Montags geschlossen. • **Weitere Informationen:** www.ferienspiel.at

50. Mach Urlaub am neuen CopaBeach.

FREIZEIT

Sommer, Sonne, Sonnenschein – es muss nicht immer Italien sein! »CopaBeach« heißt der Wiener Beach in the City nur sechs U-Bahn-Minuten vom Stephansplatz entfernt. Mit der Neugestaltung der Uferpromenade in der Nähe der Reichsbrücke sind große Gratis-Freiflächen entstanden, auf denen echtes Urlaubsfeeling

Urlaub am neuen CopaBeach

aufkommt. Du findest dort einen coolen Mix aus Sandstrand, Wasser, Grünflächen und Gastronomie. Es gibt im Sommer kostenlose Yoga-Stunden ebenso wie einen kostenlosen Liegestuhl- und Sonnenschirmverleih und in der begrünten Event Arena finden immer wieder Public Viewings statt. Das Angebot am CopaBeach soll in den nächsten Jahren übrigens noch weiter ausgebaut werden.

Standort: CopaBeach, Donauinsel, 1220 Wien • **Wie kommt man hin?** U1 Donauinsel (Ausgang Hubertusdamm) • **Weitere Informationen:** www.copabeach.wien

FREIZEIT

51. Genieß ein Picknick mit Aussicht.

Viele der Wiesen auf den naturbelassenen Steinhofgründen im Westen des 14. Bezirks bieten einen wunderschönen Blick auf die Stadt und sind deshalb besonders beliebt für ein sommerliches Picknick. Folge einfach einem der Wanderwege vorbei an alten Bäumen und kleinen Tümpeln und suche dir ein lauschiges Plätzchen. Keine Angst, auf dem 42 Hektar großen Areal haben so manche Picknickdecken Platz, ohne dass man sich gleich auf die Zehen tritt.

Tipp: Die Otto Wagner Kirche auf den Steinhofgründen ist eines der schönsten und bedeutendsten Bauwerke des Wiener Jugendstils und jedenfalls einen Abstecher wert. Samstags zwischen 16 und 17 Uhr und sonntags von 12 bis 16 Uhr kannst du sie auch innen besichtigen.

Natur pur: die Steinhofgründe

Standort: 1140 Wien, zwischen Johann-Staud-Straße und Heschweg • **Wie kommt man hin?** 46A, 46B Feuerwache Steinhof • **Weitere Informationen:** www.wien.gv.at/umwelt/wald/erholung/steinhof.html

FREIZEIT

52. Tauch ein in den Wiener Dschungel in der Lobau.

Ein Nationalpark in der Stadt? Ja, der wilde Auwald der Lobau ist Teil des Nationalparks Donauauen und liegt tatsächlich in Wien, obwohl das schwer vorstellbar ist, wenn man sich auf den kleinen Trampelpfaden zwischen umgestürzten Bäumen und sumpfigen Lacken verliert.

Im Sommer verrät ein ständiges Summen, Schwirren, Plätschern, Klopfen und Zwitschern die Anwesenheit zahlreicher tierischer Bewohner. Wasservögel, Rehe, Hasen, Gottesanbeterinnen, unzählige Schmetterlingsarten, ja sogar Seeadler, Eisvögel und Biber haben sich hier angesiedelt und lassen sich mit etwas Glück beobachten.

Tipp: Im Nationalparkhaus wien-lobAU gibt es neben Infomaterial und Karten auch Veranstaltungen und Ausstellungen zum Thema Auwald.

Standort: Nationalparkhaus wien-lobAU, Dechantweg 8, 1220 Wien • **Wie kommt man hin?** 92B Raffineriestraße/Biberhaufenweg • **Öffnungszeiten Nationalparkhaus:** Anfang März bis Ende Oktober, Mi – So: 10 bis 18 Uhr • **Weitere Informationen:** www.nph-lobau.wien.at, www.donauauen.at

Der Wiener Dschungel: die Lobau

53. Such dir einen Kurs aus bei KAMA.

FREIZEIT

Möchtest du Arabisch lernen oder Bauchtanzen oder einen Trommelkurs besuchen? Der gemeinnützige Verein KAMA organisiert Kurse und Workshops, bei denen Asylsuchende, MigrantInnen und Asylberechtigte als Kursleiter ihr Können und Wissen weitergeben. Das Angebot reicht von Sprachen über Kreatives und Musikalisches bis zur Kulinarik. Manche Kurse finden regelmäßig statt, andere sind als einmalige Workshops konzipiert. Jedenfalls sind sie alle kostenlos zu besuchen, der oder die Kursleitende freut sich aber über eine Spende.

Weitere Informationen: www.kama.or.at

54. Besuch das WIR SIND WIEN.FESTIVAL.

KULTUR

Kunst und Kultur vor der Haustür bei freiem Eintritt: Von Austropop über Jazz bis hin zu Literatur und Theater, mobile Bühnen, Silent Discos und geführten Grätzeltouren – jedes Jahr im Juni trumpfen die Bezirke groß auf. Das WIR SIND WIEN.Festival startet am 1. Juni im 1. Bezirk und endet am 23. Juni im 23. Bezirk, dazwischen wird an jedem Tag ein anderer Bezirk von Wiener Künstlerinnen und Künstlern »bespielt«. Das Programm ist so vielseitig und schräg wie die Bezirke selbst und die Schauplätze oft überraschend ausgewählt: So werden Baulücken zu Konzertsälen, Opern werden auf der Straße gespielt oder ein Piano steht plötzlich am Bahnhof.

Vielseitiges Programm: auf dem WIR SIND WIEN.FESTIVAL

Standort: verschiedene, je nach Bezirk • **Weitere Informationen und Termine:** www.wirsindwien.com

FAMILIE

55. Such eine Schildkröte im Dehnepark.

Besonders an heißen Sommertagen ist der Dehnepark ein lohnendes Ziel für Familien. Der alte Baumbestand spendet wohltuenden Schatten, sobald die Temperaturen in der Innenstadt in die Höhe klettern. Der wohl größte Baum im Park, und gleichzeitig sein Wahrzeichen, ist eine alte Platane mit etwa dreißig Metern Kronendurchmesser. Im idyllischen Dehneparkteich tummeln sich Enten und wer genau hinsieht, kann auf dem einen oder anderen Baumstamm Rotwangen-Schmuckschildkröten beim Sonnen beobachten. Sehr beliebt ist auch der Waldspielplatz mit dem großen Holzpferd, einer

Immer gemütlich drauf: die Schildkröten im Dehnepark

Kletterburg, Schaukeln und Hängematten. Ein weiterer Pluspunkt an heißen Tagen ist der kleine Rosenbach, der beim Spielplatz vorbeiplätschert, und für Abkühlung sorgt.

Standort: Dehnepark, 1140 Wien • **Wie kommt man hin?** 47B Rosentalgasse oder Wahlberggasse • **Weitere Informationen:** www.wien.gv.at/umwelt/wald/erholung/dehnepark.html

56. Nimm teil an einer »pay as you wish-Stadtführung«

FREIZEIT

Kostenlose Stadtführungen werden in Wien gleich von mehreren Organisationen angeboten. Sie decken die wichtigsten Sehenswürdigkeiten in der Innenstadt gut ab und geben dir einen ersten Überblick. Am Ende

Zahl, was du willst: auf einer Führung durch Wien

der Tour entscheidest du, wie viel dir das Erlebnis wert war und gibst deinem Guide ein entsprechendes Trinkgeld. Obwohl die Führungen kostenlos sind, ist oft eine Anmeldung erforderlich.

Tipp: Die Vienna Greeters bieten individuelle Stadtspaziergänge mit verschiedenen Schwerpunkten abseits der klassischen Touristenattraktionen an. Damit der Verein den für dich passendsten Greeter finden kann, ist eine Buchung mindestens zwei Wochen im Voraus nötig.

Weitere Informationen: PrimeTours: www.primetours.at; Welcome Tour Vienna: www.welcometourvienna.at; Good Tours: www.goodviennatours.eu; Anna loves Vienna: www.annalovesvienna.at/english/free-walking-tour; Vienna Greeters: www.viennagreeters.com

57. Erlebe die bunten Blumengärten Hirschstetten.

FREIZEIT

Die Blumengärten Hirschstetten im Nordosten der Stadt sind ein buntes Paradies für Groß und Klein. Zahlreiche Themengärten ermöglichen den Besuchern einen ebenso informationsreichen wie optisch ansprechenden Zugang zum Thema Natur. Im Urzeitgarten wachsen zum Beispiel Pflanzen, wie sie schon die Dinosaurier gefressen haben. Im Garten der Provence lässt sich die legendäre Lavendelblüte genießen. Und am Donaustädter Weinhügel kann man sich mit heimischen Rebsorten vertraut machen. Der indische und der mexika-

Die Blumengärten Hirschstetten

nische Garten entführen botanisch in die weite Welt. Im begehbaren Bienenhaus können fleißige Bienen bei der Arbeit beobachten werden. Wer eine Pause braucht, entspannt sich am Strand neben dem Seerosenteich oder verirrt sich im Liguster-Irrgarten. Der Schildkrötengarten beheimatet Schildkröten aus aller Herren Länder und im Zoo findet man unter anderem Ziesel, Wildkatzen, Kaninchen, Schafe, Eidechsen und Feuersalamander. Kleine Gartenfreunde finden den Insektenspielplatz besonders spannend: Hier sehen alle Spielgeräte aus wie überdimensionale Insekten und wer wollte nicht schon immer einmal einer Heuschrecke den Buckel hinunterrutschen?

Standort: Quadenstraße 15, 1220 Wien • **Wie kommt man hin?** 22A, 95A, 95B Blumengärten Hirschstetten; 26 Spargelfeldstraße • **Öffnungszeiten Freigelände:** Mitte März bis Mitte Oktober: Di – So: 9 bis 18 Uhr (Juni – August: Sa bis 20 Uhr) • **Weitere Informationen:** www.wien.gv.at/umwelt/parks/blumengaerten-hirschstetten

ABENTEUER

58. Fahr mit dem 100-jährigen Paternoster einmal rundherum.

2018 feierte der Paternoster im Wiener Rathaus seinen hundertsten Geburtstag und er läuft immer noch wie geschmiert. Gerüchten zufolge steht man ja Kopf, wenn sich die Kabine ganz oben oder ganz unten umdreht... Oder etwa doch nicht? Die montierten Haltegriffe und

Dreh eine Runde im Paternoster

Warnschilder, dass man im Fall der Fälle Ruhe bewahren soll, machen das mulmige Gefühl beim Einsteigen nicht wirklich besser. Aber nachdem die Paternoster-Aufzüge vom Aussterben bedroht sind, muss man die Gelegenheit wohl beim Schopf packen.

Standort: Rathaus, Nordeingang, Felderstraße, Stiege 6, 1010 Wien • **Wie kommt man hin?** U2 Rathaus • **Öffnungszeiten:** Mo – Fr: 6:30 bis 16 Uhr

Kultur

59. Besuch eine Galerie moderner Kunst.

Natürlich gibt es in Wien viele kleine und große Kunstgalerien, deren aktuelle Ausstellungen kostenlos besichtigt werden können. Wer sich eine Übersicht verschaffen möchte, welche Ausstellungen gerade laufen, ist beim Verband österreichischer Galerien moderner Kunst richtig. Die Interessensvertretung bietet Kunstinteressierten ein übersichtliches Programm, was wann wo gezeigt wird – mit Adressen, Öffnungszeiten und Kontaktdaten. Im eigens gestalteten Folder, der auf der Webseite im Programmbereich eingearbeitet ist, weist sogar ein Stadtplan den Weg zu den Galerien und ihren Ausstellungen.

Weitere Informationen: www.diegalerien.at

Besondere Orte

60. Bestaune feinste Glaskunst im Lobmeyr-Museum.

Schon ein Blick in die Schaufenster des edlen Geschäftes in der Kärntner Straße verrät, dass der Name Lobmeyr in der Glaskunst ein eigenes Kapitel füllt. Einerseits sind da die prunkvollen Luster, mit denen die Familiengeschichte vor rund 200 Jahren begann und die Paläste, Opernhäuser, Botschaften und Moscheen in der ganzen Welt zieren, andererseits die hauchzarten Trinkgläser aus Musselinglas, die anmuten wie Seifenblasen. Im obersten Stock des Verkaufslokals ist ein kleines Museum mit besonderen Stücken unterbracht, das kostenlos besucht

Glaskunst bei Lobmeyr

werden kann. Doch allein schon der Weg dorthin, der durch die großzügigen, altehrwürdigen Verkaufsräume führt, ist ein Erlebnis für sich.

Standort: Lobmeyr, Kärntner Straße 26, 1010 Wien • **Wie kommt man hin?** U1, U2, U4 Karlsplatz • **Öffnungszeiten:** Mo – Fr: 10 bis 19 Uhr, Sa: 10 bis 18 Uhr • **Weitere Informationen:** www.lobmeyr.at

Kultur

61. Lass dich von Straßenkünstlern unterhalten.

»Unverhofft kommt oft« stellt man bei der Wiener Straßenkunst fest. Meist trifft man auf die spannendsten, humorvollsten, akrobatischsten oder mitreißendsten Performances, wenn man gar nicht damit rechnet. So lässt sich auch nie mit Sicherheit sagen, auf welchen Straßen und Plätzen gerade etwas passiert. Die Wahrscheinlichkeit, dass du auf der Kärntner Straße und am Graben Straßenkunst genießen kannst, ist aber ziemlich hoch. Der Ausgang Resselpark bei der U-Bahn-Station Karlsplatz ist ebenfalls ein Hot Spot für kreative Straßenkünstler – besonderes bei Regenwetter oder im Winter, wenn der Weihnachtsmarkt dort stattfindet.

Tipp: Internationale Straßenkunst kannst du jedes Jahr im September auch beim Buskers Festival erleben. Da wird der ganze Karlsplatz zu einer Bühne für Clowns, Jongleure, Musiker, Tänzer, Schauspieler und Akrobaten.

Weitere Informationen zum Festival: www.buskers-wien.at

Humorvolle Straßenkunst

Lesung in der Alten Schmiede

KULTUR

62. Komm in die Alte Schmiede.

Zunächst ist die Alte Schmiede genau das, was der Name verspricht: Es handelt sich dabei um eine alte Schmiedewerkstatt, die als kleines Sondermuseum erhalten geblieben ist. Doch zwischen den alten Schmiedewerkzeugen finden auch regelmäßig Veranstaltungen statt, die sich einer ganz anderen Schmiedekunst annehmen, nämlich jener, aus Wörtern Literatur und aus Tönen Musik zu schmieden. Dann wird die alte Werkstatt zum Schauplatz für Lesungen zeitgenössischer österreichischer Literatur und Konzerte moderner Musik.

Tipp: Im kleinen Lesesaal hast du die Möglichkeit in den jeweils aktuellen Ausgaben diverser Literaturzeitschriften zu schmökern.

Standort: Alte Schmiede Kunstverein Wien, Schönlaterngasse 9, 1010 Wien • **Öffnungszeiten:** Mo – Fr: 14 bis 18 Uhr • **Wie kommt man hin?** U1, U3 Stephansplatz; U1, U4 Schwedenplatz • **Weitere Informationen:** www.alte-schmiede.at

63. Besuch das Stummfilm-Festival am Columbusplatz.

KULTUR

Cineasten freuen sich im August immer über ein besonderes Highlight des Wiener Open-Air-Kino-Sommers. Das Filmfest Stumm & Laut zeigt an drei Tagen am Columbusplatz historische Stummfilme. Wie damals

Stummfilmklassiker auf dem Columbusplatz

üblich, werden die Stummfilme von Musik begleitet – in diesem speziellen Fall von für jeden Film eigens arrangierter elektronischer Live-Musik. Zu sehen gibt es Klassiker von Charlie Chaplin oder Buster Keaton, aber auch Horror- und Science-Fiction-Filme, die einen unterhaltsamen Blick in die Filmgeschichte ermöglichen.

Standort: Columbusplatz, 1100 Wien • **Wie kommt man hin?** 1, 18, D, O Columbusplatz • **Weitere Informationen:** www.stummundlaut.at

BESONDERE ORTE

64. Besichtige die Müllverbrennungsanlage Spittelau.

Weithin sichtbar ist Müllverbrennungsanlage Spittelau mit ihrer bunten Fassade und dem glänzenden Schlot mit der goldenen Kugel. Kein Geringerer als Friedensreich Hundertwasser zeichnet verantwortlich für dieses Wiener Wahrzeichen, das ausgerechnet einem Großbrand in der alten Müllverbrennungsanlage zu verdanken ist. Rund die Hälfte des Wiener Mülls wird hier verbrannt. Die »Abfallprodukte« der Abfallverbrennung sind Strom, Fernwärme und Fernkälte. Wie genau das funktioniert, erfährst du bei einer kostenlosen Führung durch die Anlage, für die du dich allerdings im Vorfeld anmelden musst.

Übrigens: Am Kamin der Müllverbrennungsanlage nisten Turmfalken. Vom Josef-Holaubek-Platz aus sind die eigens dafür vorgesehenen Brutnischen sichtbar.

Die schönste Müllverbrennungsanlage der Welt

Standort: Müllverbrennungsanlage Spittelau, Spittelauer Lände 45, 1090 Wien • **Wie kommt man hin?** U4, U6 Spittelau • **Öffnungszeiten:** Anmeldung erforderlich! • **Weitere Informationen:** www.wienenergie.at

BESONDERE ORTE

65. Geh auf die letzte Wiener Jugendstiltoilette.

Am Graben, ungefähr auf Höhe der Habsburgergasse, führen zwei unscheinbare Stiegenabgänge hinunter zur ersten unterirdisch errichteten öffentlichen Bedürfnisanstalt Wiens, die zugleich die letzte erhaltene Jugendstiltoilette der Stadt ist und unter Denkmalsschutz steht. Der Besuch ist zwar nicht ganz kostenlos, aber jeden der überschaubaren 50 Cent wert: Klobrillen aus Teakholz, Trennwände und Schiebetüren aus edler Eiche, Marmor, Messing und geschliffenes Glas gehören heute

Der Weg ins
Jugendstil-WC

schließlich nicht mehr zur Standardausstattung einer öffentlichen Toilette. Die Klofrau höchstpersönlich macht hinter dir die Türe zu und sorgt für Sauberkeit und Ordnung. Schade nur, dass die Besichtigung der opulenten Pissoirs nur den Herren der Schöpfung vorbehalten ist.

Standort: Graben 22, 1010 Wien • **Wie kommt man hin?** U1, U3 Stephansplatz • **Öffnungszeiten:** Jan-April + Okt-Nov: Mo – Sa: 8 bis 20 Uhr, So: 8 bis 17 Uhr Mai-Sep + Dez: Mo – Sa: 8 bis 21 Uhr, So: 8 bis 20 Uhr

66. Verirr dich am Zentralfriedhof.

BESONDERE ORTE

Die Wiener und der Tod – das ist eine ganz besondere Sache. Kein Wunder, dass der Zentralfriedhof da kein ganz normaler Friedhof sein kann. Mit seinen 2,5 Quadratkilometern an Fläche steht er in den Reiseführern als der zweitgrößte Friedhof Europas, mit drei Millionen Bestatteten ist er diesbezüglich sogar die Nummer eins. Zahlenmäßig sind die Bestatteten dort den lebenden Wienern somit übrigens eindeutig überlegen. Als der Friedhof 1874 eröffnet wurde, war der entlegene und schlecht angebundene Friedhof nicht sehr beliebt. Eine Ehrengräberanlage sollte Abhilfe schaffen und so wurden kurzerhand die sterblichen Überreste verschiedener Prominenter von anderen Friedhöfen übersiedelt. Eine neue im Jugendstil erbaute Kirche wirkte ebenfalls bald als Publikumsmagnet. Heute lesen sich die Inschriften der Ehrengräber wie ein Who is who der österreichischen Geschichte, die Anbindung mit den Öffis ist perfekt (es gibt sogar eine eigene friedhofsinterne Buslinie) und neben

Grüne Oase: der Zentral-friedhof

seiner eigentlichen Funktion als letzte Ruhestätte gilt das riesige Areal nun auch als beliebtes Naherholungsgebiet.

Tipp: Gleich hinter dem Tor 1 liegt der Alte Jüdische Friedhof. Hier überwuchert die Natur die Grabsteine und Grabdenkmäler und es ist ein ganz besonderer Ort der Ruhe und der Stille. Mit etwas Glück triffst du hier sogar auf Rehe, Hasen oder Fasane.

Standort: Wiener Zentralfriedhof, Haupteingang Tor 2, Simmeringer Hauptstraße 234, 1110 Wien • **Wie kommt man hin?** 71 Zentralfriedhof Tor 2 • **Öffnungszeiten Haupteingang:** April-Sept: 7 bis 19 Uhr März + Okt. – 2. Nov.: 7 bis 18 Uhr 3. Nov. bis Ende Feb.: 8 bis 17 Uhr • **Weitere Informationen:** www.friedhoefewien.at

67. Besuch die Wotruba-Kirche am Georgenberg.

BESONDERE ORTE

Ganz am Stadtrand, wo schon der Wienerwald beginnt, findest du eine ganz besondere Kirche, erbaut nach den Entwürfen des Bildhauers Fritz Wotruba. 152 unterschiedliche, rohe Betonblöcke türmen sich scheinbar willkürlich aufeinander und einfache Glasscheiben füllen die unregelmäßigen Zwischenräume. Von außen gleicht der Bau im Stil des Brutalismus eher einer Festung als einer Kirche und auch der Innenraum ist auf das Wesentliche reduziert – Kreuz, Altar, Stühle, fertig. Und doch steckt in dieser Wucht eine ungemeine Anmut und der Besucher stellt sich die Frage, ob es nicht doch eine Festung ist – eine moderne Festung des Glaubens...

Brutalismus in Reinkultur: die Wotruba-Kirche

Standort: Kirche zur Heiligsten Dreifaltigkeit, Ottillingerplatz 1, 1230 Wien • **Wie kommt man hin?** 60A Kaserngasse • **Öffnungszeiten:** Sa: 14 bis 20 Uhr, So und Feiertag: 9 bis 16:30 Uhr • **Weitere Informationen:** www.georgenberg.at

KULTUR

68. Lausche den O-TÖNEN im MQ.

O-TÖNE nennt sich das sommerliche Open-Air-Literaturfestival im Haupthof des MuseumsQuartiers. Gelesen werden Werke aus der österreichischen Gegenwartsliteratur (z.B. von Arno Geiger, Verena Roßbacher oder Peter Henisch). Charmant wird dabei jeder Hauptlesung mit einem bereits arrivierten Autor die Debütlesung eines literarischen Newcomers vorangestellt, so wie man es mit den Vorgruppen auf Musikkonzerten kennt. Moderiert werden die Lesungen von namhaften Literaturexperten wie zum Beispiel Daniela Strigl, Katja Gasser oder Klaus Kastberger. Bei Schlechtwetter wird ins Quartier 21 ausgewichen.

Standort: MuseumQuartier Haupthof, Museumsplatz 1, 1070 Wien • **Wie kommt man hin?** U2 Museumsquartier; U2, U3 Volkstheater • **Öffnungszeiten:** Juli/August Do ab 20 Uhr • **Weitere Informationen:** www.o-toene.at

69. Geh in eine Wiener Vorlesung.

FREIZEIT

Seit drei Jahrzehnten bietet das Format der Wiener Vorlesungen Einblicke in aktuelle Erkenntnisse und Ideen aus der Welt der Wissenschaft – und das bei freiem Eintritt. 2018 erhielt die etwas in die Jahre gekommene Veranstaltungsreihe jedoch ein Facelifting. Unter einem bestimmten Jahresmotto finden die Vorlesungen nun etwa zwölf bis fünfzehn Mal im Jahr an verschiedenen, mitunter recht überraschenden Locations statt, mal in einem Kino, mal in einem Museum oder in der alten Brotfabrik. 2018 lautete das Motto »100 Jahre Demokratie in Österreich«. 2019 folgte mit »Wien 2050« ein Blick in die Zukunft, der an aktuellen Themen und wichtigen gesellschaftspolitische Fragen aufgehängt wurde: Von Big Data über Demokratie und Menschenrechte bis hin zu Kapitalismus und Globalisierung.

Weitere Informationen: www.wienervorlesungen.at

KULTUR

70. Komm zum Karlstag auf den Karlsplatz.

Einmal im Jahr veranstalten die Kunst- und Kulturhäuser am Karlsplatz ein großes Fest, den Karlstag. Ob Musikverein, Technische Universität, Secession, Kunsthalle, Künstlerhaus, Wien Museum oder Radiokulturhaus – alle machen mit. Fixer Bestandteil des Karlstages ist mittlerweile die Karlsplatz-Megatour: Sieben Stunden lang führt die Tour quer über den Karlsplatz durch die ansässigen Kulturinstitutionen. Wenn dir das doch zu lang ist: Das Zustiegen und Verlassen der Tour ist jederzeit möglich. Außerdem veranstalten viele Häuser Spezialführungen. Sogar die legendäre »Der Dritte Mann-Tour« durch die Wiener Kanalisation wird ausnahmsweise – nach vorheriger Anmeldung – kostenlos

Konzerte, Führungen und Familienprogramm am Karlstag

angeboten. Das Fest am Teich vor der Karlskirche mit einem bunten Familienprogramm und abendlichen Konzerten rundet die Veranstaltung ab.

Standort: Karlsplatz, 1010 Wien • **Wie kommt man hin?** U1, U2, U4 Karlsplatz • **Weitere Informationen:** www.karlsplatz.org/karlstag

71. Lass am Roten Berg einen Drachen steigen.

FAMILIE

Im Frühling und Sommer wird am Roten Berg in Hietzing spaziert, gespielt und gepicknickt, im Winter – wenn es genug Schnee gibt – gerodelt und im Herbst, wenn der Wind so richtig durch Wien pfeift, ist der Rote

Perfekt zum Drachen steigen lassen: der Rote Berg

Berg der perfekte Ort, um seinen Drachen in die Lüfte zu entsenden. Dabei gilt die Faustregel: Je höher du steigst, desto stärker Wind. Die beste Aufstiegsvariante auf den 360 Meter hohen Berg mit stets zunehmendem Wind ist über den Heinz Nittel Weg, die Verlängerung der Rotenberggasse.

Standort: Roter Berg, 1130 Wien • **Wie kommt man hin?** 54B Veitingergasse

LAND & LEUTE

72. Finde den Stock im Eisen – und noch mehr Nagel-Aberglauben.

Inmitten der vielen Eindrücke und des touristischen Gewusels am Stephansplatz ist es gar nicht leicht, den Stock im Eisen an der Ecke Kärntner Straße und Graben gleich zu entdecken. Am besten du versuchst, möglichst ein Foto vom kompletten Stephansdom zu machen und drehst dich dann an dem Punkt, an dem du dann stehen müsstest, einfach um. Dann befindest du direkt vor dem ältesten Nagelbaum der Welt. Seine erste Benagelung fand noch vor dem Jahr 1440 statt. Vor der Entdeckung Amerikas wurden hierzulande also schon Bäume benagelt. Doch warum eigentlich? Wahrscheinlich brachte das Glück, so wie wenn man heute eben eine Münze in den Trevi-Brunnen wirft. Natürlich ranken sich um den Stock im Eisen viele düstere Sagen und Geschichten – zum Beispiel von einem Schlossergesellen, der sich mit dem Teufel eingelassen hat. Ein jüngerer »Stock im Eisen« steht daher auch im 8. Bezirk in der Wickenburg-

Uralter Aberglaube: der Stock im Eisen

gasse 1, vor dem ehemaligen Sitz der Schlosserinnung. Angeblich schlägt dort auch heute noch jeder ausgelernte Schlosser einen Nagel ein... Eine weitere Nagelattraktion ist der »Wehrmann in Eisen« an der Ecke Felderstraße und Ebendorferstraße hinter dem Rathaus. Während des ersten Weltkrieges durfte die entsprechende Holzfigur gegen eine Spende benagelt werden – als patriotischer Akt der Zuversicht.

Standort: Kärntner Str. 1, 1010 Wien • **Wie kommt man hin?** U 1 und U 3Stephansplatz • **Öffnungszeiten:** 24 Stunden täglich zugänglich

BESONDERE ORTE

73. Mach mit bei einer Führung durch das Rathaus.

Das neogotische Wiener Rathaus wurde im Zuge der Errichtung der Ringstraße erbaut. Jeden Montag, Mittwoch und Freitag finden kostenlose Gebäudeführungen statt, bei denen du die Prunk- und Repräsentationsräume, Wappensäle, die Feststiege und die Innenhöfe besichtigen kannst. Ausgangspunkt für die Führungen ist die Stadtinformation im Rathaus. Manchmal kann es vorkommen, dass eine Führung aufgrund von Veranstaltungen im Rathaus nicht stattfinden kann. Am besten informierst du dich vorher, ob die Führungen stattfinden. Informationen dazu findest du unter www.wien.gv.at. Wer seinen Platz sicher haben will, sollte sich zirka vier Wochen vor dem geplanten Termin bei der Stadtinformation melden.

Wow-Architektur im Wiener Rathaus

Standort: Rathaus Stadtinformation, Eingang: 1., Friedrich-Schmidt-Platz 1 • **Wie kommt man hin?** U2 Rathaus • **Führungszeiten:** Mo, Mi, Fr: 13 Uhr • **Weitere Informationen:** www.wien.gv.at/verwaltung/rathaus/fuehrung/fuss/index.html

74. Beobachte Ziesel auf der Perchtoldsdorfer Heide.

FREIZEIT

Im Südwesten von Wien, gleich hinter der Stadtgrenze, liegt die Perchtoldsdorfer Heide. Durch die jahrtausendelange Nutzung als Weideland entstand hier eine einzigartige Steppenlandschaft, in der heute viele seltene oder bedrohte Tier- und Pflanzenarten leben. Die bekanntesten und beliebtesten Tiere der Heide sind die Ziesel, kleine Erdhörnchen, die du mit etwas Glück und Geduld beobachten kannst. Damit die Heidelandschaft nicht verwaldet, muss sie regelmäßig gepflegt werden. Bei den Pflegeterminen sind freiwillige Mithelfer herzlich willkommen.

Tipp: Auf der Heide steht auch eine der ältesten Burgruinen Österreichs, jene der Burg Kammerstein. Allerdings hat der Zahn der Zeit nicht viel von ihr übriggelassen. Doch für ein Picknick ist die Burg noch immer ein lohnendes Ziel.

Standort: südwestliche Stadtgrenze • **Wie kommt man hin?** Vom Wiener Westbahnhof mit der Linie 60 bis Rodaun • **Weitere Informationen:** www.perchtoldsdorfer-heide.at

Ziesel in der Perchtoldsdorfer Heide

Selbst ein Kunstwerk: der Ringturm

KULTUR

75. Besuch die aktuelle Architektur-Ausstellung im Ringturm.

Der Ringturm ist nach dem Stephansdom das zweithöchste Gebäude innerhalb der Ringstraße. In der ehemaligen Kassenhalle finden im Eingangsbereich unter dem Titel »Architektur im Ringturm« regelmäßig Ausstellungen statt. Den thematischen Schwerpunkt bildet dabei die architektonische und kulturelle Vielfalt Zentral- und Osteuropas.

Tipp: In den Sommermonaten wird der Ringturm jedes Jahr von einem anderen Künstler mit bedruckten Netzbahnen umhüllt und verwandelt sich so zu einem »Kunst-Turm«.

Standort: Ausstellungszentrum im Ringturm, Schottenring 30, 1010 Wien • **Wie kommt man hin?** U2 Schottenring • **Öffnungszeiten:** Mo – Fr: 9 bis 18 Uhr • **Weitere Informationen:** www.airt.at

ABENTEUER

76. Begib dich auf Mundraub-Tour.

Bei genauerem Hinsehen ist Wien eine ziemlich essbare Stadt. Es beginnt im Frühling, wenn im Wienerwald der Bärlauch zu sprießen beginnt und die ersten Wildkräuter ihr zartes Grün aus dem Boden recken, bald kommen Kirschen, Zwetschken, Beeren, Äpfel und Birnen dazu bis im Herbst dann die Nüsse von den Bäumen und Sträuchern purzeln. Auf vielen der großen Grünflächen, aber auch in kleineren Parks mitten in der Stadt, wachsen Früchte, die du ernten und essen kannst. Tausende von diesen Standorten in Wien sind auf der Plattform Mundraub eingetragen. Dort kannst du jedoch nicht nur deine persönliche Mundraub-Tour durch Wien planen, sondern du findest auch viele Ernte-Tipps und inspirierende Rezepte.

Weitere Informationen: www.mundraub.org

77. Bummle über den Naschmarkt.

LAND & LEUTE

Der Naschmarkt zwischen Getreidemarkt und Kettenbrücke ist der größte, bekannteste und internationalste der Wiener Märkte. An über hundert Ständen bieten Verkäufer ihre Waren feil. Besonders wenn es um exotische Gewürze und Früchte oder ausgefallene Spezialitäten geht, gilt die Regel: Wenn du's am Naschmarkt nicht findest, bekommst du's in ganz Wien nicht. Die meisten Händler bieten kleine Kostproben an und so wandelt man von Stand zu Stand, probiert hier eine Olive und dort ein paar getrocknete Früchte oder Nüsse. Mittlerweile haben sich auch einige Souvenirläden und Straßenhändler unter die alteingesessenen Standler gemischt und hinter den Verkaufsständen hat sich in den letzten Jahren, in zweiter Reihe sozusagen, eine Gastronomiemeile entwickelt mit heimischer und internationaler Küche in allen Preiskategorien. Am Samstag herrscht am Naschmarkt immer Hochbetrieb.

Auf dem Naschmarkt im Überfluss schwelgen ...

Am einen Ende, bei der Secession, geht es ums Sehen und Gesehenwerden und am anderen Ende, hinter der Kettenbrücke, ums Stöbern und Finden – dort findet nämlich samstags immer ein großer Flohmarkt für Kunst, Hausrat, Musikalien, Bücher und Antiquitäten statt.

Standort: Wienzeile, 1060 Wien • **Wie kommt man hin?** U4 Kettenbrückengasse; U1, U2, U4 Karlsplatz • **Öffnungszeiten:** Markt: Mo – Sa: ab 6 Uhr; Schließzeiten unterschiedlich; Flohmarkt: Sa 6:30 bis 14 Uhr

… und, wo immer möglich, etwas probieren

Ein vollkommen anderes Flair ...

LAND & LEUTE

78. Erlebe den Brunnenmarkt.

Ähnlich groß, aber doch ganz anders als der Naschmarkt präsentiert sich der Brunnenmarkt im 16. Bezirk. Er ist einer der letzten reinen Straßenmärkte Wiens, die Stände lassen sich also zumindest theoretisch am Abend wieder abbauen und mittlerweile ist er mit dem Markt am Yppenplatz zusammengewachsen. Der Markt ist so bunt und multikulti wie die Bewohner des Grätzls. Oft wird er daher auch »Orient ums Eck« genannt, weil er schon ein bisschen bazarähnliche Züge aufweist. Angeboten werden vor allem Nahrungsmittel für den Alltag, also frisches Obst und Gemüse, Fleisch und Fisch, Backwaren und Käse. Türkische und griechische Spezialitäten sind genauso zu bekommen wie die Spezialitäten österreichischer Bauern. Der Brunnenmarkt ist zwar kein echter Geheimtipp mehr, aber bei weitem noch nicht von Touristen überrannt und ein Stück echtes Wien, das du gesehen haben solltest.

... herscht auf dem Brunnenmarkt

Standort: Brunnengasse bis Yppenplatz, 1160 Wien • **Wie kommt man hin?** U6 Thaliastraße; 46 Brunnengasse; 44 Yppengasse • **Öffnungszeiten Markt:** Mo – Fr: 6 bis 19:30 Uhr, Sa: 6 bis 17 Uhr

79. Erlebe das Kurzfilm-Festival dotdotdot.

KULTUR

Während acht Wochen im Juli und August findet im Garten des Volkskundemuseums das kritische Kurzfilm-Festival dotdotdot statt. Der Name klingt komisch, hat aber einen schlüssigen Hintergrund. Die Filme des Festivals sollen – wie die drei Punkte in einem Text – zum Nach- und Weiterdenken und zur Diskussion anregen. Die immer donnerstags und freitags gezeigten Werke gehen daher formale, inhaltliche und ästhetische Risiken ein, hinterfragen eingeschriebene Codes und loten den Möglichkeitsraum Film sehr viel weiter aus, als man das von Mainstreamproduktionen kennt. Rund um die Filme finden auch Podiumsdiskussionen und Workshops statt. Besonderen Wert legt das Filmfestival auf Barrierefreiheit in allen denkbaren Facetten. So werden Diskussionen und Filme in Gebärdensprache übersetzt und es gibt auch eine induktive Höranlage. Der Ticketpreis ist frei wählbar und auch das Alter soll kein Hindernis sein: Die Festivalschiene dotdotdot 4plus richtet sich darum schon an junge Menschen ab 4 Jahren.

Standort: Volkskundemuseum Wien, Laudongasse 15-19, 1080 Wien • **Wie kommt man hin?** U2 Rathaus • **Weitere Informationen:** www.dotdotdot.at

KULTUR

80. Mach eine Tour durch die Themenpassagen im MQ.

Als Ergänzung zu den großen Museen im MuseumsQuartier (MQ) sehen sich die Mikromuseen in den Passagen, die die einzelnen Höfe miteinander verbinden und das gesamte Areal erschließen. Oft läuft man an dieser Kunst im öffentlichen Raum unachtsam vorbei – ein Rundgang mit »Augen auf« sorgt jedoch für so manche Überraschung. Neben dauerhaften Gestaltungen werden in den kleinen Museen wechselnde Mini-Ausstellungen gezeigt. In der Sternenpassage findest du zum Beispiel ein Deckenbild nach einem Diagramm von René Descartes, die Typopassage widmet sich der Gestaltung von und mit Schrift, die Street-Art-Passage mit der charakteristischen vom französischen Künstler Invader gestalteten Brücke zeigt Werke lokaler und internationaler Street-Art-Künstler und die TONSPUR-passage präsentiert Klangarbeiten im öffentlichen Raum. Frei zugänglich sind auch die wechselnden Ausstellungen im »frei_raum Q21 exhibition space«, die temporären Kunstinstallationen in der MQ ART BOX im Haupthof oder die Cartoons der »Komischen Künste«.

Tipp: Hol dir an der Infostelle einen Plan und ein aktuelles Programm, damit du nichts verpasst!

Standort: MuseumsQuartier Wien, Museumsplatz 1, 1070 Wien • **Wie kommt man hin?** U2 Museumsquartier; U2, U3 Volkstheater • **Weitere Informationen:** www.mqw.at/institutionen/q21/institutionen/

81. Entdecke die Jugendstilschätze Wiens.

KULTUR

Wien ist eine der Hauptstädte des Jugendstils, viele Bauwerke aus der Zeit rund um 1900 sind hier erhalten geblieben und wurden liebevoll restauriert. Begib dich auf eine Zeitreise und tauche ein in die Welt der floralen Ornamentik und einer ungeheuren Liebe zum Detail. Am besten startest du im Stadtpark, den du mit der U4 erreichst. Die U-Bahn-Station ist bereits die erste Sehenswürdigkeit: Sie ist eine der alten Stadtbahn-Stationen, die vom Architekten Otto Wagner gestaltet wurden und noch dazu eine der wenigen, die nahezu komplett erhalten geblieben ist. Vorbei am Konzerthaus spazierst du in Richtung Karlsplatz. Dort findest du den Otto Wagner Pavillon. Im Sommer wird hier eine kleine Ausstellung zu Leben und Werk des Künstlers gezeigt

Wiener Jugendstilschätze wie der Otto Wagner Pavillon

(jeden 1. Sonntag im Monat bei freiem Eintritt). Du durchquerst den Resselpark und kommst zum »Krauthappel«, der Secession – mit dem goldenen »Krautkopf« oben drauf. Gegenüber steht das Novomatic-Forum, das von Schülern Otto Wagners erbaut wurde. Spazierst du über den Naschmarkt, verfolgt dich der Jugendstil auf Schritt und Tritt. Kurz vor der U-Bahn-Station Kettenbrückengasse (ebenfalls von Otto Wagner) entdeckst du rechterhand die drei Wienzeilenhäuser an der linken Wienzeile 38 – 40. Wenn dich deine Füße noch kurz tragen können, lohnt es sich am Ende des großen Parkplatzes einen Blick auf und ins Café Rüdigerhof zu werfen – ebenfalls ein prachtvolles Beispiel für diese außergewöhnliche Architekturepoche.

Standort: Verschiedene, Startpunkt ist der Stadtpark. • **Wie kommt man hin?** U4 Stadtpark • **Öffnungszeiten:** 24 Stunden täglich.

82. Begib dich auf eine Adrenalin-Tour im Prater.

ABENTEUER

Der Wiener Wurstelprater ist der älteste Vergnügungspark der Welt, bekommt aber ständig neue Attraktionen dazu. Du zahlst zwar keinen Eintritt, um dir Riesenrad und Co anzusehen, aber die einzelnen Attraktionen können dann doch ganz schön ins Geld gehen. Eine unterhaltsame Schnitzeljagd durch den Prater ganz ohne Geld kannst du jedoch über die TeamUp-App erleben. Die Karte der App führt dich von einer Station zur nächsten, wo du jeweils eine Frage zu einer besonders adrenalinlastigen Attraktion beantworten musst.

Im Prater gibt es überall etwas zu entdecken ...

... Vorsicht vor den wilden Bestien

Tipp: Es gibt noch drei weitere kostenlose Wien-Touren von TeamUp, mit denen du die Stadt entdecken kannst.

Standort: Riesenradplatz 1, 1020 Wien • **Wie kommt man hin?** U1, U2 Praterstern • **Weitere Informationen:** www.teamupclub.com

83. Finde deinen Lebensbaum im Baumkreis am Himmel.

BESONDERE ORTE

»Am Himmel« heißt das Naherholungsgebiet an der Höhenstraße im Norden der Stadt treffenderweise. An schönen Tagen siehst du von hier aus nicht nur die

Der Baumkreis im Naherholungsgebiet Am Himmel

Dächer von Wien sondern gleich bis nach Bratislava. Dort oben am Himmel wurde vom Kuratorium Wald ein Lebensbaumkreis gepflanzt. Die 36 konzentrisch angeordneten Bäume symbolisieren den Jahresverlauf und jedem Geburtsdatum kann ein bestimmter Baum zugeordnet werden. So kannst du ganz einfach deinen Lebensbaum finden und dein »Baumhoroskop« erstellen. Ganz in der Nähe liegt auch ein sehr netter waldpädagogischer Spielplatz und ein zehnminütiger Spaziergang führt dich zur neugotischen Sisi-Kapelle, die anlässlich der Hochzeit von Elisabeth und Franz Joseph I. erbaut wurde.

Tipp: Wenn du auf den Himmel hinaufwandern willst, kannst du von der Endstation der Linie 38 (Grinzing) in Richtung »Häuserl am Himmel« marschieren oder von der Endstation der Linie 39A (Sievering) über den Gspöttgraben.

Standort: Kreuzung Himmelstraße Ecke Höhenstraße, 1190 Wien • **Wie kommt man hin?** 38A Cobenzl • **Weitere Informationen:** www.himmel.at

BESONDERE ORTE

84. Flaniere durch die Stammersdorfer Kellergasse.

Wien ist zwar eine Millionenstadt, hat sich aber mancherorts durchaus noch seinen dörflichen Charakter erhalten. Besonders gut zeigt die große Stadt ihr dörfliches Gesicht in Stammersdorf. Dort findest du auch eine der

Dorfatmosphäre in der Stammersdorfer Kellergasse

schönsten Kellergassen, die sich mit ihrem Kopfsteinpflaster ihre Urigkeit sehr gut erhalten hat. Eine kleine Rundwanderung führt dich von der Endstation der Linie 31 zunächst durch Stammersdorf und dann vorbei an Weingärten, durch einen Hohlweg und über die Ausläufer des Bisamberges bis nach Strebersdorf, von wo du entweder wieder nach Stammersdorf zurückspazierst oder mit der Linie 26 heimfährst. Die Wanderung gibt es in mehreren Varianten mit bis zu 10 Kilometern Länge. Die Dauer der Tour hängt stark davon ab, ob du der Versuchung widerstehen kannst, bei einem der Heurigen einzukehren oder nicht.

Tipp: Einmal im Frühling und einmal im Herbst wird die Kellergasse zur Fußgängerzone und zum Schauplatz ausgelassener Weinfeste: Das »Mailüfterl« und die

»Stürmischen Tage« sind beliebte Fixpunkte für einen Ausflug ins Dorf am Stadtrand.

Standort: Stammersdorfer Kellergasse, 1210 Wien • **Wie kommt man hin?** 31 Stammersdorf • **Weitere Informationen:** www.weinwandern.at/stammersdorf/

Freizeit

85. Genieß die Aussicht und nutz die Angebote der Hauptbücherei.

Die Hauptbücherei am Gürtel ist ein imposantes Gebäude, das zwischen den Fahrbahnen des Inneren und Äußeren Gürtels wie ein Schiff emporragt. Die Freitreppe – übrigens die größte in Wien – ist im Sommer ein beliebter Treffpunkt für Jung und Alt. Setz dich auf eine der hundert Stufen, genieß den Ausblick über die Segeldächer des Urban-Loritz-Platzes hinweg in Richtung Süden und beobachte das Getümmel rund um dich herum. Einen guten Blick auf den Kahlenberg im Norden hast du im Inneren der Bibliothek – allerdings sind die Plätze in dieser Lesezone besonders beliebt. Natürlich hat die Bücherei viel mehr zu bieten als nur eine nette Aussicht. Schmökere in den unzähligen Büchern und Zeitschriften und hol dir unbedingt den aktuellen Veranstaltungskalender der Bibliothek, denn es finden hier regelmäßig kostenlose Buchpräsentationen, Filmabende, Lesungen, Diskussionen und Workshops statt.

Standort: Hauptbücherei Wien, Urban-Loritz-Platz 2a, 1070 Wien • **Wie kommt man hin?** U6 Burggasse • **Öff-**

nungszeiten Bücherei: Mo – Fr: 11 bis 19 Uhr, Sa: 11 bis 17 Uhr • **Weitere Informationen:** www.buechereien.wien.at

FREIZEIT

86. Dreh eine Nostalgierunde durch den Böhmischen Prater.

Bereits gegen Ende des 19. Jahrhunderts entstand am Rande des Laaer Berges ein kleiner Vergnügungspark für die Böhmischen Arbeiter der dort ansässigen Ziegelwerke. Nach seiner Zerstörung im Zweiten Weltkrieg wurde er wiederaufgebaut und erhielt seinen heutigen Charakter. Kleiner, ruhiger und beschaulicher als der berühmte Wurstelprater präsentiert sich sein Böhmischer Bruder. Dort findest du das älteste Holzkarussell Europas, ein 90-jähriges Raupenringelspiel, eine Oldtimer-Bahn oder eine Kindergeisterbahn. Nach deinem Bummel durch den Prater lädt der dahinter gelegene Laaer Wald zu einem kleinen Spaziergang ein.

Tipp: Besonders wenn die Fährgeschäfte im Frühling noch nicht in Betrieb sind, mutet der Böhmische Prater ein bisschen an wie ein kleines Freiluft-Vergnügungspark-Museum mit einem ganz einzigartigen Flair.

Standort: Böhmischer Prater, Laaer Wald, 1100 Wien • **Wie kommt man hin?** 68A/B Urselbrunnengasse, 15A Grillgasse • **Öffnungszeiten:** März/April – Oktober; Zeiten wetterabhängig • **Weitere Informationen:** www.böhmischer-prater.at

Nostalgie im Böhmischen Prater

87. Radl über Stock und Stein durch den Wienerwald.

SPORT

Zahlreiche Mountainbike-Strecken unterschiedlicher Schwierigkeitsgrade führen dich durch den wildromantischen Wienerwald. Eine sehr beliebte Strecke ist zum Beispiel die Hameau-Runde. Durch den idyllischen Schwarzenbergpark radelst du hinauf zum Hameau, eine Lichtung, die früher von den Wienerinnen und Wienern sehr gerne für Wintersport genutzt wurde. Von dort geht es in ständigem Auf und Ab weiter über die Höhenstraße vorbei am Dreimarkstein, dann weiter durch den Schützengraben und über die Sophienalpe, durch den Kasgraben und über die Jägerwaldsiedlung wieder zurück zum Ausgangspunkt.

Die Natur im Wienerwald entdecken

Tipp: Gleich hinter der Hameau-Wiese liegt der Wurzel-Trail. Sein Name ist Programm – er führt Unerschrockene über recht ausgeprägte Wurzelfelder... Möge die Macht deiner Federgabel mit dir sein.

Standort: Wienerwald • **Streckendetails:** 27,87 Kilometer / 826 Höhenmeter / 2:50 Stunden • **Wie kommt man hin?** 43 Neuwaldegg (oder mit dem Fahrrad) • **Weitere Informationen:** www.wienerwald.info/mountainbiken

BESONDERE ORTE

88. Erkunde die alten Gassen und Innenhöfe hinter dem Dom.

Hinter dem Stephansdom findest du noch ein sehr schönes Stück altes Wien: Die Gassen hier sind verwinkelt und uneben vom Kopfsteinpflaster, zwischen den Häusern verstecken sich geheime Durchgänge und wunderschöne Innenhöfe. Einige davon sind die für Wien typischen Pawlatschenhöfe, in denen die einzelnen Wohnungen über Laubengänge (Pawlatschen) erreichbar sind. Am besten du startest in der Singerstraße, hier findest du auf Nummer 7 das Deutschordenshaus mit gleich zwei Innenhöfen, weiters empfehlenswert sind die Höfe der Nummern 11, 16 und 22. Mach einen Abstecher zum malerischen, kleinen Franziskanerplatz und komm zurück ins Blutgassenviertel zwischen Blutgasse, Singerstraße, Grünangergasse und Domgasse. Die Häuserblocks hier gehören zu den ältesten der Stadt. In der Blutgasse 3 findest du ein typisches Pawlatschenhaus aus dem 17. Jahrhundert. Komm über die Schulerstraße zur

Die alten Innenhöfe hinter dem Dom

Hinterseite des Domes zurück und flaniere durch den Zwettlerhof (gegenüber der Garageneinfahrt) hindurch zur Wollzeile. Geradeaus weiter kommst du durch den Schmeckenden Wurm zum Lugeck. Sehenswert sind die Höfe in der Bäckerstraße 7 und 10. Schlag dich schließlich noch durch in die Schönlaterngasse, wo die Tour endet. Dort findest du auf Nummer 7 das Basiliskenhaus. Einst trieb der Sage nach ein scheußliches Ungetüm hier sein Unwesen. Ein Fresko an der Fassade erinnert an die erfolgreiche Beseitigung desselben durch einen tapferen Bäckergesellen. Gleich nebenan kannst du noch einen Blick in den Heiligenkreuzerhof erhaschen.

Standort: 1010 Wien, hinter dem Stephansdom • **Wie kommt man hin?** U1, U3 Stephansplatz

ABENTEUER

89. Geh auf Fotosafari in die Wiener Wildnis.

Wien ist eine der grünsten Städte der Welt, rund 50 Prozent der Stadtfläche sind Grünflächen und bieten daher auch immer noch vielen Tieren einen Lebensraum. Schnapp dir doch deinen Fotoapparat, entdecke die urbane Natur und geh auf Fotosafari in der Großstadt! Am Rande des Wienerwaldes zum Beispiel sagen sich nicht nur Fuchs und Hase Gutenacht, dort tummeln sich auch Rehe, Igel und Dachse. Ebenfalls ein Foto-Hotspot ist der Alte Jüdische Teil des Zentralfriedhofs. Besonders im Herbst gelingen hier äußerst stimmungsvolle Fotos. Eher ein Geheimtipp ist der Floridsdorfer Wasserpark am nördlichen Ende der Alten Donau. Dort nistet im Frühling eine Graureiherkolonie und in der Sonne

räkeln sich Schildkröten. Die beste Fotozeit hier ist von Ende Februar bis Ende Mai.

Tipp: Beeindruckende Fotos zur Inspiration und Ideen für Foto-Locations findest du auf der Website bzw. auf der facebook-Seite der Fotografen von »Wiener Wildnis«.

Weitere Informationen: www.wienerwildnis.at

90. Dreh eine Donauinsel-Runde mit dem Kanu.

SPORT

Wenn du ein Kanu oder ein SUP dein eigen nennst, hast du in Wien etliche Möglichkeiten, beides zu Wasser zu lassen. Du kannst zum Beispiel die Nordspitze der Donauinsel umrunden. Dazu startest du bei der U6-Station Neue Donau in Richtung Norden. Beim Einlaufwehr an der Spitze der Donauinsel ist eine kurze Übertragungsstelle auf die »echte« Donau. Auf dieser fährst du dann stromabwärts zurück bis zur Eisenbahnbrücke, querst die Donauinsel und bist wieder am Startpunkt.

Tipp: Du kannst natürlich auch auf der Alten Donau paddeln oder durch den Marchfeldkanal oder von Korneuburg nach Wien oder du fährst aus der Stadt hinaus und erkundest die malerischen Donau-Auen.

Standort: Neue Donau/Donau • **Wie kommt man hin?** U6 Neue Donau • **Tourenbeschreibung:** www.arwex.at/touren.htm

ABENTEUER

91. Werde ein U-Bahn-Star.

Was in London oder New York schon lange üblich ist, ist nun auch in Wien angekommen: Live-Musik in den U-Bahn-Stationen. Die Wiener Linien vergeben eineinhalbstündige Slots für Auftritte in den U-Bahn-Stationen Westbahnhof, Neubaugasse, Karlsplatz, Praterstern, Stephansplatz und Spittelau. Um auftreten zu dürfen, musst du dich bewerben und ein Casting absolvieren. Dafür gilt deine Lizenz zum Star-Sein dann für sechs Monate. Gebühren fallen keine an, die freiwilligen Spenden der Passanten darfst du behalten.

Tipp: Wenn du nicht selbst auftreten, sondern nur zuhören möchtest: Auf der Website der Wiener Linien findest du einen Kalender mit den aktuellen Auftritten in den jeweiligen Stationen.

Standorte: verschiedene • **Termine:** tgl. von 15 bis 23 Uhr • **Weitere Informationen:** www.wienerlinien.at/ubahnstars

Architektur-highlight: die Werkbund-siedlung

92. Schau dich um in der Werkbundsiedlung.

BESONDERE ORTE

Inspiriert von der Werkbundsiedlung in Stuttgart initiierte der Architekt Josef Frank ein ähnliches Projekt in Wien. Am Beginn der 1930er Jahre entstand so am Wiener Stadtrand eine Musterhaussiedlung mit 70 komplett eingerichteten Einfamilienhäusern. An der Fertigstellung beteiligt waren unterschiedlichste Architekten, Kunsthandwerker, Industrielle und Intellektuelle. Sie stellten sich die Aufgabe, die Grundlagen für das Wohnen der Zukunft zu definieren. Die Prämisse dabei war, auf einer minimal verbauten Fläche ein Maximum an Wohnkomfort zu erreichen. Die unterschiedlichen Häuser in freistehender, gekoppelter oder zeilenförmiger Bauweise waren Prototypen für mögliche Siedlungsbausteine. Heute ist die Werkbundsiedlung eines der wichtigsten erhaltenen Ensembles der modernen Architektur des frühen 20. Jahrhunderts und ein bewohntes Denkmal. Für den kleinen Rundgang durch die Siedlung gibt es eine kostenlose App mit Audioguide. Außerdem bietet die App Einblicke in die Häuser – mit Grundrissen und Fotos der Originaleinrichtung.

Standort: Tourstart: Woinovichgasse 32, 1130 Wien • **Wie kommt man hin?** 54A/B Gobergasse • **Weitere Informationen:** www.werkbundsiedlung-wien.at

SPORT

93. Wandere hinauf auf den Hermannskogel.

Der Stadtwanderweg Nr. 2 führt dich über romantische Weinberge und lauschige Waldwege hinauf auf den Hermannskogel, den allerhöchsten Punkt der Stadt. Dort oben steht die Habsburgwarte, die ein bisschen aussieht wie ein einzelner Turm einer Ritterburg und mit den vielen Mobilfunkantennen und Sendern ein recht skurriles Fotomotiv abgibt. Gegen die Gebühr von 1 Euro für die Wartung der Warte kannst du auch hinaufsteigen. Auf der Habsburgwarte befand sich Ende des 19. Jahrhunderts übrigens der Fundamentalpunkt der Österreichisch-Ungarischen Monarchie. Alle Entfernungen wurden von hier ausgehend gemessen. Die Wanderung führt dich sodann weiter zur Jägerwiese und dem unscheinbaren – aber angeblich wundertätigen – Agnesbründl. Über Cobenzl, Himmel und Gspöttgraben kommst du wieder zum Ausgangspunkt in Sievering.

Die Habsburgwarte auf dem Hermannskogel

Auf dem Weg zum Hermannskogel

Standort: Hermannskogel, 1190 Wien • **Wie kommt man hin?** 39A Sievering • **Öffnungszeiten:** Habsburgwarte: Ende April bis Ende Oktober; Sa 13 bis 18 Uhr, So und FT 10 bis 17 Uhr; Gebühr für die Besichtigung innen: 1 € • **Weitere Informationen:** www.wien.gv.at (nach Wanderweg 2 suchen)

94. Genieß die Fliederblüte am Biedermeier-Friedhof.

Der Friedhof St. Marx ist der einzige erhaltene Biedermeier-Friedhof der Stadt. Nach der Eröffnung des Zentralfriedhofs 1874 wurden hier kaum mehr Beerdigungen abgehalten und der Friedhof verwilderte mit der Zeit. Mehrmals stand er vor der endgültigen Schließung, hat aber letztendlich doch überlebt. Heute ist der historische Gottesacker eine morbid-charmante Parkanlage unter Denkmalschutz. Der berühmteste Tote hier ist W. A. Mozart. Wo genau er in einem Armengrab seine letzte Ruhe fand, ist bis heute nicht gewiss, weshalb er auch nicht in die Ehrengrabanlage des Zentralfriedhofs »übersiedelt« werden konnte. Die allerbeste Zeit für einen Besuch am St. Marxer Friedhof ist im April und Mai, wenn die Fliederbüsche blühen und das ganze Areal in eine betörende Duftwolke hüllen.

Tipp: Nimm dir Zeit und schau dir die Inschriften der Grabsteine genauer an! Du wirst allerlei skurrile Titel und Berufsbezeichnungen der Biedermeierzeit finden – vom bürgerlichen Kanalräumer über den herrschaftlichen Wirtschaftrat und den Erfinder der Nähmaschine bis hin zur Fischhändlerswitwe.

Standort: Friedhof St. Marx, Leberstraße 6-8, 1030 Wien • **Wie kommt man hin?** 71, 18, div. S-Bahnen St. Marx • **Öffnungszeiten:** Okt – März: täglich 06:30 bis 18:30 Uhr; Apr – Sept: täglich 06:30 bis 20 Uhr (+/- 30 Minuten!) • **Weitere Informationen:** www.wien.gv.at/umwelt/parks/anlagen/friedhof-st-marx.html

Das Mozartgrab auf dem Friedhof St. Marx

95. Mach mit bei Community Cooking im Objekt 19.

Jeden Dienstag werden in der Nachbarschaftsküche im Objekt 19 der alten Ankerbrotfabrik die Kochlöffel geschwungen, internationale Köstlichkeiten gekocht und sodann gemeinsam mit Genuss verspeist. Kochen und Essen verbindet – das ist der Grundgedanke dieser immer gut besuchten Offenen Kochrunden. Zur Tafel geladen sind alle, die Lust haben, Neues zu probieren, Leute zu treffen und gemeinsam zu plaudern, zu kochen und zu genießen. Doch auch an den anderen Tagen der Woche bleibt die Nachbarschaftsküche nicht kalt: Immer wieder finden hier Kochkurse, Workshops und Beratungen zum Thema gesunde Ernährung statt.

Tipp: Das Objekt 19 versteht sich als Ort der Begegnung und fungiert als Drehscheibe für die Nachbarschaft. Das Angebot reicht von kostenlosen Musikkursen für Kinder über Sprachcafés und Kochkurse bis hin zu Kulturveranstaltungen im Ankersaal.

Standort: Brotfabrik Wien, Absberggasse 27, Stiege 3, EG, Top 2 A, 1100 Wien • **Offene Kochrunden:** immer Di 17 bis 20 Uhr • **Wie kommt man hin?** Linie 6 Absberggasse • **Weitere Informationen:** www.brotfabrik.wien/essen-trinken/community-cooking.html

KULTUR

96. Erlebe Kunst in der Brotfabrik.

Die ehemalige Ankerbrotfabrik in Favoriten war seinerzeit die größte in ganz Europa und wo dereinst Semmeln gebacken wurden, wird heute unter anderem Kunst gemacht und gezeigt. In den Innenhöfen des riesigen Backsteinbaus haben sich verschiedene Galerien, Ateliers, Studios und Schauräume angesiedelt. Die Galerie Ostlicht sowie die AnzenbergerGallery rücken Fotografien ins rechte Licht, die GALERIE HILGER NEXT zeigt zeitgenössische Kunst und KOLJA KRAMER FINE ARTS hat Junge Kunst und Street Art im Fokus. Das ATELIER 10 ist einerseits eine Galerie mit Ausstellungsfläche, andererseits kannst du in den angrenzenden Atelierräumen einen Einblick in die Arbeitsprozesse der

Wiener Kulturspot: die Brotfabrik

Künstler bekommen. Auch das Projekt VorAnker bietet Künstlern Raum für ihr Schaffen und die Möglichkeit ihre Werke zu präsentieren. Alle Ausstellungen sind bei freiem Eintritt zu besichtigen, informiere dich aber vorab über die Öffnungszeiten!

Tipp: Die große Expedithalle galt bei ihrer Errichtung als einer der größten säulenfreien Räume Europas und als technisches Meisterwerk. Heute ist sie eine beliebte Veranstaltungslocation – wenn du Glück hast, findest du einen Event, den du kostenlos besuchen kannst...

Standort: Brotfabrik Wien, Absberggasse 27, 1100 Wien • **Öffnungszeiten:** unterschiedlich – siehe Website • **Wie kommt man hin?** Linie 6 Absberggasse • **Weitere Informationen:** www.brotfabrik.wien

97. Schau hinter die Kulissen einer Craftbier-Brauerei.

FREIZEIT

Wenn Bierliebhaber zu Bierbrauern werden, ist das meist der Beginn einer wunderbaren Geschichte. Hinter der Craftbier-Brauerei Ten.Fifty. steht so eine Geschichte und daher wird seit 2018 in der Maschinenhalle der alten Ankerbrotfabrik Flüssigbrot gebraut. Derzeit gibt es ein Wiener Weizen, ein Pale Ale und ein Red IPA sowie jeweils ein Spezialbier in limitierter Auflage. Jeden Donnerstag zwischen 18 und 23 Uhr ist der Taproom geöffnet und die hauseigenen Biere können verkostet werden. Während dieser Öffnungszeiten bieten die passionierten Bierbrauer auch kostenlose Führungen an, lassen sich in den Braukessel schauen und stehen Rede und Antwort zu allen Fragen rund ums Brauen.

Standort: Bräuhaus Ten.Fifty., Absberggasse 27/3 /10.2, 1100 Wien • **Öffnungszeiten:** Do 18 bis 23 Uhr • **Wie kommt man hin?** Linie 6 Absberggasse • **Weitere Informationen:** www.tenfifty.at

FREIZEIT

98. Mach einfach einmal grün – im Grünen Prater.

Sechs Millionen Quadratmeter »Grün« warten auf dich im Grünen Prater – unendliche Weiten und unendlich viele Möglichkeiten. Auf der 4,5 Kilometer langen Prater Hauptallee zwischen Praterstern und Lusthaus

Der Stadt entfliehen: im Grünen Prater

tummeln sich Spaziergänger, Radfahrer, Skater und sogar Reiter. Bis zu sechs Reihen mächtiger Kastanienbäume säumen die Prunkstraße und sorgen zur Blütezeit für ein beeindruckendes Naturspektakel. Abseits der Hauptallee laden Wald, Wiesen und Gewässer zum Verweilen ein. Am oberen Ende beim Praterstern ist die Landschaft noch parkähnlich. Hier findest du einen Ententeich mit Wiens ältester Brücke, dem Konstantinsteg, oder auch die Jesuitenwiese, Wiens wahrscheinlich größten Spielplatz. Je weiter du nach Süden kommst, desto wilder wird der Prater bis er schließlich am unteren Ende zu einer richtigen Aulandschaft wird. Müßiggänger finden im Prater ebenso ihr Glück wie Sportbegeisterte: Neben einem Skatepark und BMX-Course gibt es auch eine Slackline-Anlage, Tischtennistische, Beachvolleyballplätze und sogar einen kostenlosen Disc Golf Parcours.

Standort: Prater, 1020 Wien • **Wie kommt man hin?** U1, U2 Praterstern; andere Öffis rundherum • **Öffnungszeiten:** täglich 24 Stunden • **Weitere Informationen:** www.wien.gv.at/umwelt/parks/anlagen/prater.html

99. Such dir ein Buch aus und mach mit beim »Lesen im Park«.

FAMILIE

Aufgebreitete Decken, kuschelige Pölster, ein lauschiges Plätzchen und jede Menge Bücher zum Schmökern – das findest du bei der Aktion »Lesen im Park«, die in Wien immer in den Sommerferien stattfindet. In den großen Bücherkisten, die jeden Tag ausgepackt werden, stecken Bilderbücher zum Anschauen, Vorlesebücher, Sachbücher, Märchen, Gedichte und spannende Geschichten aller Art. Du kannst sie selber lesen, dir vorlesen lassen oder auch selber etwas vorlesen. Außerdem besteht die Möglichkeit, Bücher ganz unkompliziert auszuborgen. Wer gerade nicht lesen möchte, der kann auch zeichnen oder basteln. Lesen im Park richtet sich an Kinder von drei bis zehn Jahren, die Bücher lieben oder in die Welt der Bücher auch gerne nur einmal hineinschnuppern möchten.

Standorte: Augarten-Waldspielplatz, 1020 Wien; Alois-Drasche-Park, 1040 Wien; Alfred-Böhm-Park, 1100 Wien; Auer-Welsbach-Park, 1150 Wien; Allerheiligenpark, 1200 Wien • **Öffnungszeiten:** Juli und August Mo – Fr: 14 bis 18 Uhr (nur bei Schönwetter) • **Weitere Informationen:** www.jugendliteratur.at/lesenimpark.html

FREIZEIT

100. Mach eine kurze Pause zwischen den Rosen im Volksgarten.

Klein, aber fein und wunderbar zentral gelegen, lädt der Volksgarten ein zu einer kurzen Auszeit zwischendurch. Flaniere zwischen Blumenbeeten und Brunnen zum strahlend weißen Theseustempel in der Mitte des romantischen Barockgartens, suche dir ein nettes »Bankerl« und genieß die bunte Pracht. Im Sommer blühen und duften hier Tausende Rosenstöcke. Dank der sorgfältigen Beschriftung kannst du auch gleich nachlesen, wie

Die Rosenpracht im Volksgarten

sie alle heißen: Die Rosen haben klingende Namen wie Maria Theresia, Perle vom Wienerwald oder Märchenkönigin, aber mitunter auch Bezeichnungen, die für ein Schmunzeln sorgen wie z.B. Aspirin.

Standort: Burgring, 1010 Wien • **Wie kommt man hin?** Linien 1, 2, 71, D Parlament • **Öffnungszeiten:** Apr – Okt: 6 bis 22 Uhr; Nov – März: 7 bis 17:30 Uhr • **Weitere Informationen:** www.bundesgaerten.at/hofburggaerten/Volksgarten.html

Alles Walzer? Bei der Open Air Perfektion dürfen es auch andere Tänze sein

LAND & LEUTE

101. Tanze Walzer bei der Wiener Open Air Perfektion.

Es herrscht eine ganz besondere Stimmung, wenn an zwei Sonntagen im Sommer (einer im Juli und einer im August) auf dem Rathausplatz getanzt wird. Dann nämlich laden die Wiener Tanzschulen zur sogenannten Open Air-Perfektion ein. Walzer, Boogie, Cha Cha Cha, Rumba … musikalisch führt das Programm durch Tänze aus aller Welt. Los geht es um 17:30 Uhr. Geschwungen, gewalzt und gesteppt wird eineinhalb Stunden lang. Danach übernimmt wieder das Filmfestival den Platz.

Standort: Rathausplatz • **Wie kommt man hin?** U2 Rathaus, Linien 1, D, 71 Rathausplatz/Burgtheater • **Termine:** siehe www.wiener-tanzschulen.at

Bildverzeichnis

Via Wiki Commons: S. 14 MrPanyGoff (CC BY-SA 3.0) / S. 16 Peter Gugerell (CC0) / S. 19 (oben) Clemens Mosch (CC BY-SA 4.0) / S. 19 (unten) Haeferl (CC BY-SA 4.0) / S. 21 Monyesz (CC BY-SA 3.0) / S. 24 Hiroki Ogawa (CC BY-SA 3.0) / S. 26 (oben) Ralf Roletschek (CC BY-SA 3.0) / S. 26 (unten) Jakob Reiter (CC BY-SA 3.0) / S. 30 Kiefer (CC BY-SA 2.0) / S.32 Gugerell (CC0) / S. 35 Valentin Panzirsch (CC BY-SA 3.0) / S. 41 Hubertl (CC BY-SA 4.0) / S. 42 Peter Haas (CC BY-SA 3.0) / S. 44 Bwag (CC BY-SA 4.0) / S. 45 Martin Furtschegger (CC BY-SA 3.0) / S. 47 (oben) Skunk (CC BY-SA 4.0) / S. 47 (unten) Manfred Werner - Tsui (CC BY-SA 4.0) / S. 49 Gugerell (CC0) / S. 56 dorotheum.com (Public Domain) / S. 59 TimidDragon (CC BY-SA 4.0) / S. 60 Mike Steele (CC BY-SA 2.0) / S. 63 János Korom Dr. (CC BY-SA 2.0) / S. 65 Gerd Eichmann (CC BY-SA 4.0) / S. 68 Dietmar Rabich (1962–) (CC BY-SA 4.0) / S. 69 PictureObelix (CC BY-SA 3.0) / S. 75 Haeferl (CC BY-SA 4.0) / S. 76 Ralf Roletschek (1963–) (CC BY-SA 3.0) / S. 78 Manfred Werner - Tsui (CC BY-SA 3.0) / S. 79 Haeferl (CC BY-SA 4.0) / S. 81 Peter Gugerell (CC0) / S. 83 János Korom Dr. (CC BY-SA 3.0) / S. 85 Gryffindor (CC BY-SA 3.0) / S. 87 Herzi Pinki (CC BY-SA 3.0) / S. 88 Wolfgang H. Wögerer, Wien (CC BY-SA 3.0) / S. 92 Thomas Ledl (CC BY-SA 3.0) / S. 94 Uoaei1 (CC BY-SA 4.0) / S. 96 Thomas Ledl (CC BY-SA 3.0) / S. 98 Wolfgang H. Wögerer, Wien (CC BY-SA 3.0) / S. 99 u. 101 Peter Gugerell (CC0) / S. 104 Florian-glechner ((CC BY-SA 4.0) / S. 105 Peter Gugerell (CC0) / S. 109 Pe-sa (CC BY-SA 3.0) / S. 110 Peter Gugerell (CC0) / S. 111 Ingo Neu (CC BY-SA 3.0) / S. 114 Manfred Werner – Tsui (CC BY-SA 3.0) / S. 117 Balazs Barnucz (CC BY-SA 3.0) / S. 119 Clemens Mosch (CC BY-SA 4.0) / S. 122 Peter Gugerell (CC0) / S. 123 Granada (CC BY-SA 4.0) / S. 125 u. 127 Peter Gugerell (CC0) / S. 129 Bwag (CC BY-SA 4.0) / S. 131 Tudoi61 (CC BY-SA 4.0) / S. 132 Oleg Sidorenko (CC BY-SA 2.0) / S. 134 Thomas Ledl (CC BY-SA 4.0) / S. 136 GuentherZ (CC BY-SA 3.0) / S. 138 Wienwiki / Mary2605 (CC BY-SA 3.0) / S. 141 Andreas Praefcke (CC BY-SA 3.0) /

Pixabay (alle CC0): S. 11 / S. 12 u. 13 / S. 17 / S. 22 / S. 38 / S. 50 / S. 52 / S. 55 / S. 71 / S. 80 / S. 89 / S. 91 / S. 103 / S. 108 / S. 116 beide / S. 142

S. 29 © www.freegym.at / S. 38 © PID - Schaub-Walzer / S. 53 © PID – Christian Fürthner / S. 73 © CopaBeach